아직 이 죽음을 이해하지

나란히 흩어 포르기다

자살 사별자,
남겨진 이들의 이야기

아직 이 죽음을 어떻게
다뤄야 할지 모릅니다

∴

김설 지음

위고

들어가며

오빠가 떠난 뒤, 나는 나와 비슷한 아픔을 가진 사람들이 어떻게 살아가는지 궁금했다. 소중한 이가 죽고 어떤 변화가 있었는지, 자살 유가족으로서 당면하고 감당해야 할 일은 무엇이었는지, 하루하루 어떤 생각으로 마음을 다잡고 살아갔는지…. 먼저 겪은 이들의 진솔한 이야기가 필요했다. 똑같을 순 없어도 나에게 닥칠 일들에 대해, 앞으로 어떻게 살아갈지에 대해 도움을 얻고 싶었다. 하지만 아무리 찾아봐도 자살 유가족의 이야기는 들을 수 없었다. 해마다 약 7만 명의 자살 유가족이 발생한다는 통계 자료와 며칠 전 누군가가 스스로 목숨을 끊었다는 기사뿐이었다. 죽은 자의 이야기도 많지 않지만, 남겨진 자의 이야기는 더더욱 찾기 어려웠다.

머릿속이 복잡할 때 일단 메모장을 켜고 글을 쓰는 건 오래된 나의 습관이다. 오빠의 장례를 치르고 눈물만으로는 해결되지 않는 혼란 속에서 습관대로 일기장을 꺼냈다.

일기장에 떠오르는 대로 마구 써 내려갔다. 이해되지 않는 것투성이였다. 이제는 오빠를 다신 볼 수 없다는 사실을 받아들이기 어려웠다. 오빠의 유서와 휴대폰을 뒤적였지만 오빠가 왜 떠났는지, 지금 그리고 앞으로 나는 어떻게 살아가야 하는지 도통 모르겠어서 화가 나고 욕이 나왔다. 억울함, 분노, 슬픔, 모두 일기장에 토해냈다. 대상이 불분명한 감정들이었지만 어디든 털어놔야 머리든 마음이든 조금이라도 진정될 것 같았다.

임상심리 전문가 고선규는 『우리는 모두 자살 사별자입니다』에서 "사별 상실은 피하고 싶어도 피할 길이 없다. 어떤 요령이나 지름길이 있지도 않다"고 말했다. 고인이 어떻게 사망했는지, 부고 소식을 들었을 당시 심정이 어땠는지, 시신을 어떻게 수습했는지, 장례식은 어떻게 치렀는지 등 죽음이라는 사건 자체에 대해 생각해보는 것이 도움이 된다는 말에 바로 노트북을 켰다. 그리고 오빠가 떠난 순간부터 찬찬히 되짚어보았다. 오빠의 부고 소식을 들었던 장면부터 천천히. 내내 울음을 쏟아내면서도, 비행기표를 구하랴 엄마를 챙기랴 동동거리는 내가 보였다. 숨이 차도록 울면서 엄마를 이끌고 집으로 돌아오기 위해 정신을 붙들려고 애쓰는 내가 보였다. 참으로 애썼다. 참으로 고생했다. 나는 오빠를 떠나보낸 후 처음으로 오빠와 엄마와 아빠가 아닌 내가 안쓰러워 울었다.

기억력이 안 좋은 편이지만, 이상하게 사진처럼 선

명한 장면이 몇 가지 있다. 입관식 때 오빠의 시신에 다가가지 못하던 나. 그때의 나를 글로 옮겼다. 입관실 유리창 너머에서 울먹일 뿐 그 안으로 쉽사리 들어가지 못하는 나, 가까스로 용기를 내 오빠에게 다가갔지만 허리춤에 멈춰 서서 끝끝내 얼굴을 마주하지 못하는 내가 보였다. 왜 더 가까이 다가가지 못했을까. 두려움 때문이었다. 마음에 결코 지울 수 없는 상처를 입을까 봐 두려워하는, 스스로를 보호하려는 지극히 인간적인 본능이었다. 그때 나는 정말 두려웠었구나. 그럼에도 입관식을 마무리하겠다며 마지막으로 인사하라는 장의사의 말에 용기를 끌어모아 오빠 손이라도 잡을 수 있었구나. 그날의 나를 되돌아볼 때마다 스스로 미숙하고 나약하게만 여겨지던 행동이 지극히 인간적인 본능에서 비롯되었던 것임을 깨닫자, 자책하던 마음이 풀리고 나 자신을 진심으로 끌어안고 위로해줄 수 있게 되었다. 나는 오빠를 보내는 과정을 글로 쓰면서, 이해할 수 없었던 나의 행동들을 비로소 마음으로 받아들이게 되었다.

혼자 쓰던 애도 일기를 블로그에 올리기 시작했다. 그렇게 올린 글에 간간이 댓글이 달렸다. '읽고 또 읽으며 참 많이 울었다', '위로가 된다', '나도 이제야 내 이야기를 꺼낼 수 있을 것 같다' 등 나와 비슷한 아픔을 가진 자살 사별자들이 쓴 댓글이었다. 오빠 이야기를 써줘서 고맙다고, 앞으로도 꾸준히 써달라고 부탁하는 댓글도 있었다. 비슷한 아픔을 가진 사람들이 하나둘 자신의 이야기를 남겨주었다. 그들의 말은 특별하지 않아도 나에게 빠르게 와닿았다. 또 한 생명이 갔다는 사실에 마음이 무거워지면서도 누군가에게도 비슷한 아픔이 있다는 사실에 덜 외로워지곤 했다. 그 사람들 덕분에 이 책을 쓸 수 있었다.

나를 포함해 남겨진 이들이 덜 고통스러웠으면 좋겠다. 덜 아팠으면 좋겠다. 애도 과정에서 글쓰기는 내게 가장 쉬우면서도 가장 큰 위로였다. 누구와도 이야기하고 싶지 않을 때 일기장에 쓴 내 이야기가 누구보다도 나에게 큰 위안이 되었다. 우리 가족의 이야기가 누군가에게 위로가 되었으면 혹은 나같이 막막한 여정에 있는 이가 서두르지 않고 천천히 자신만의 애도의 길을 걷는 데 조그마한 디딤돌이 되면 좋겠다.

차례

正音

2019년 3월 5일

"이런 게 행복이지."

걷는 내내 엄마의 얼굴에서는 미소가 떠나지 않았다. 칭찬에 인색한 엄마가 커피 한 잔에도 연신 감탄했다. 발길 닿는 대로 가는 이런 여행이 진짜 여행이라며, 가이드 안내에 따라 조급하게 쫓기던 그동안의 패키지 여행은 여행이 아니라고도 했다. 엄마의 은퇴 기념으로 함께 산티아고 순롓길에 오른 것인데, 엄마가 이렇게나 좋아하니 모시고 오길 참 잘했다 싶었다.

순롓길을 걷기 시작한 지 나흘째. 3월의 스페인은 한적했다. 비성수기인 줄 모르고 왔더니 대부분의 식당과 숙소가 닫혀 있었다. 며칠 동안 우리의 주식은 샌드위치와 햇반뿐이었다. 그날은 여정에서 몇 안 되는 대도시를 지나가다 오랜만에 식당을 발견했다. 입구에서부터 주방의 열기와 냄새가 느껴졌다. 문어숙회를 주문했더니 배추된장국 비슷한 국물요리가 함께 나왔다. 국물! 도대체 이게 얼마 만에 느껴보는 뜨거운 맛인가! 한 모금만으로도 배 속 깊숙이 뜨듯한 기운이 차올랐다. 엄마와 나는 눈으로 말했다. 맛있는 커피고 뭐고 역시 한국인은 국물이 필요해.

저녁 6시에 숙소에 도착했다. 족히 50명은 들어갈

수 있을 정도로 널찍한 곳이었다. 거리는 한산해도 숙소
에서는 매일 한두 명씩 다른 투숙객과 마주쳤는데 그날
은 이상하게 아무도 보이지 않았다. 좋아. 아무도 오지
마라. 엄마랑 나랑 단둘이서 마음껏 놀게. 내 마음이 전
달됐는지 마감 시간이 되도록 더 이상의 투숙객은 없었
다. 그렇게 엄마와 나 둘이서 드넓은 숙소를 독차지했다.
엄마, 오늘 너무 운 좋다. 뜨끈한 국물도 맛보고, 눈치 보
지 않고 마음껏 수다도 떨고. 맞아. 여행 오길 잘했다. 참
으로 운 좋은 날, 따스한 날, 행복이 가득한 날이다.

"일어나자마자 전화해."

아빠의 메시지였다. 다급함이 전해졌다. 웬만한 일
로는 연락이 없는 아빠가 무슨 급한 일이기에 메시지까
지 남겼나 싶어 전화를 걸었다. 연결음이 울리자마자 엄
마에게 전화기를 넘겼다.

"정말? 하아… 자식… 왜 그랬어…."

엄마는 긴 한숨과 함께 잠시 말을 잃었다. 무슨 일이
지, 친척 중에 누가 상을 당하셨나. 침대 위에서 뭉그적
거리며 남의 일인 양 가볍게 통화 내용을 엿들었다.

"몇 달 동안 힘들다고 그러더니… 퇴사하라고 할
걸…."

들려오는 대화가 심상치 않았다. 내가 아는 사람 이
야기 같았다. 설마.

"엄마, 무슨 일이야?"

"오빠가 자살했대. 한국 가자."

목 놓아 울었다. 엄마 앞에서 소리 높여 우는 건 어른이 되고선 처음이었다. 정말이냐고, 왜 죽었느냐고 묻지 않았다. 그 순간 내가 할 수 있는 일이라곤 죽음을 받아들이는 것뿐이었다. 텅 빈 숙소에 내 울음소리만 울려 퍼졌다.

"하아… 조금만 참지….."

조그맣게 들려오는 엄마의 탄식 소리에 조금씩 정신이 들기 시작했다. 이렇게 울고 있을 수만은 없다. 빨리 한국으로 돌아가야 한다. 우는 것을 멈추고 짐을 쌌다. 일단 산티아고 공항까지 가야 하는데 시계를 보니 새벽 6시였다. 이런 꼭두새벽에 택시가 있을까? 서둘러 짐을 챙겨 나갔다. 혹시나 하고 기대했지만, 택시는커녕 인기척 하나 없이 고요하기만 했다.

"안 되겠다. 일단 걷자."

배낭을 메고 가까운 도시를 향해 무작정 걸었다. 엄마도 나도 아무 말도 하지 않았다. 부고를 듣고도 우리는 전날과 똑같이 걷고 또 걷는 수밖에 없었다.

저 멀리 불빛이 보였다. 이른 아침 불을 밝힌 주유소로 들어가 택시를 불러달라고 부탁했다. 이내 택시가 도착했다. 공항에 도착할 때까지도 엄마와 나는 아무 말도 하지 않았다. 침묵 속에서 나만 홀로 울었다.

엄마는 거의 울지 않았다. 공항에서도 엄마는 물 한 모금 마시지 않고 몇 시간 동안 그저 멍하니 앉아 있었다. 그러더니 나지막이 말했다.

"왜… 죽었을까?"

엄마 뺨에 조용히 눈물이 흘렀다.

가까스로 공항에 도착하기는 했지만 당장 돌아갈 비행기표가 없었다. 가장 빠른 한국행 비행기표를 구하기 위해 매표소로 갔다.

"직항과 경유가 있는데 어떤 걸로 하시겠어요?"

매표원의 물음에 마음이 흔들렸다. 가격차가 거의 두 배였다. 고작 두 시간 빨리 가자고 2백만 원이나 더 내야 하다니… 어떡하지. 장례를 치러야 하는 급박한 상황에서도 나는 계산을 하고 있었다. 내가 이토록 이성적인 사람이었나.

비행기를 타기 전 버거킹에 들러 햄버거를 주문했다. 그런 순간에도 햄버거는 맛있었다. 혼란스러웠고 그런 나 자신이 야속했다.

입관

"입관식이 곧 시작합니다. 유족분들은 모두 식장으로 오시기 바랍니다."

장례식장에 도착하자마자 입관식이 진행되었다. 상복으로 갈아입지도 못한 채 등산복 차림으로 예배를 드리고 입관실로 들어갔다. 새하얀 벽으로 둘러싸인 방에 정면으로 보이는 통유리. 유리창 너머 삼베로 둘러싸인 물체. 오빠였다.

장의사가 삼베 쪼가리를 벗겨내자 오빠의 얼굴이 드러났다. 하지만 나는 다가가지 못했다. 멀찍이 서서 잔뜩 경직된 채 한 발짝도 떼지 못했다. 무서웠다. 유리 너머로 부모님이 오빠를 끌어안고 오열하고 있었지만 나는 가까이 갈 수가 없었다. 뭐가 무서운 걸까. 차갑게 식어버린 오빠의 몸? 흉측하게 망가져 있을 시신? 아니면 오빠의 죽음을 인정하는 것? 내 마음이 말했다. 가지 마. 그런데 머리는 말했다. 가야지. 그래도 가야지. 이게 마지막이야. 오빠를 눈에 담을 수 있는 마지막 기회야. 지금이 아니면 다신 볼 수도, 만질 수도 없어.

조심스레 발걸음을 내디뎠다. 천천히 한 걸음, 한 걸

음. 엄마는 오빠의 얼굴을 정성스레 쓰다듬고 있었다. 눈물로 얼룩진 눈으로 두 손으로 꼿꼿하게 아들의 얼굴을 더듬었다.

나는 오빠의 허리춤에서 더 이상 나아가지 못하고 멈춰서 오빠의 얼굴을 흘낏 쳐다봤다. 콧대가 저리 높았었나. 인상이 저렇게 묵직했었나. 안경 벗은 얼굴이 낯선 건지 굳게 닫힌 입과 눈이 낯선 건지, 모든 게 낯설고 무서웠다. 무서워도 마지막이니까 할 수 있는 만큼 조금씩 눈에 담아보려 했지만 끝끝내 더 다가가지 못했다. 결국 오빠의 얼굴을 마주하지 못했다. 내 기억 속에 남은 오빠의 마지막 얼굴은 허리춤에서 올려다본 오빠의 옆얼굴이 전부다.

"이제 입관하겠습니다. 유족분들은 고인에게 마지막 인사를 건네주세요."

마지막. 마지막이라는 소리에 한 번 더 용기를 냈다.

"손… 잡아도 돼요?"

정체 모를 거부감 속에서도 오빠의 손이 계속 눈에 밟혔다. 용기 내어 오빠의 손을 잡았다. 손은 딱딱하게 굳어 있었다. 나는 그보다 더 오빠에게 다가갈 수 없었다. 무겁게 누워 있는 오빠를 안아줄 수도, 그 얼굴을 마주할 수도 없었다. 마지막이라는 말에 정신을 차리고 쥐어짜낸 용기는 딱 그만큼이었다. 손은 내가 다가갈 수 있는 가장 낮은 문턱이었다. 왜 마지막으로 어루만진 것이

오빠의 얼굴이 아닌 손이었을까. 아마 난 말하고 싶었던
것 같다. 오빠의 삶을 잡아주지 못해 미안하다고. 좀 더
빨리 잡아주지 못해 미안하다고.

장례

입관을 마치고 빈소에 들어섰다. 검은 상복으로 갈아입고 영정 사진 앞에 섰지만 상주로서 무엇을 해야 할지 알수 없었다. 나보다 먼저 가족을 잃은 친구에게 물었다. 장례 때 유족은 무엇을 하느냐고, 나는 지금 무엇을 해야하느냐고. 친구는 홍삼 엑기스를 건네며 말했다.

"이거 먹고 앉아 있으면 다른 사람들이 알아서 할 거야. 지금 가장 힘든 건 부모님과 너니까 건강 잘 챙기고 잘 쉬어."

하지만 그 말이 채 끝나기도 전에 아빠가 나를 불렀다.

"저기 오빠랑 같이 일하던 동료들이 오셨다. 인사드리고 와라."

당신은 빈소 앞에서 조문객을 응대하겠으니 나보고 유족 대표로 돌아다니며 인사를 하라는 것이었다.

오빠의 직장 동료들, 떠나기 전 가장 많은 시간을 함께했을 그들에게 묻고 싶은 것이 있었다. 오빠가 최근에 많이 힘들어했는지, 별다른 말은 없었는지, 오빠는 어떤 사람이었는지. 내가 알지 못하는 오빠의 모습이 궁금했지만 좀처럼 발이 떨어지지 않았다. 지금은 익숙한 사람

들과 이야기하고 싶었다. 낯선 사람들과 불편한 이야기
는 어떻게든 피하고 싶었다. 그럼에도 조문객을 맞이해
야 한다는 의무감으로 쭈뼛대며 다가갔다.

"안녕하세요, 오빠와 같은 팀에서 일했다고 들었어
요…. 오빠가 최근에 많이 힘들어했…."

첫마디를 떼자마자 울음이 터져 나왔다. 귀국하는
길 내내 울었는데도 눈물은 멈추지 않았다. 당황스러웠
다. 이게 아닌데, 울지 않고 이야기하고 싶었는데. 결국
낯선 사람들 앞에서 우는 내가 부끄러워 입을 닫고 자
리를 떴다. 그렇게 장례를 끝마칠 때까지 오빠의 동료들
에게 다가가지 못했다. 그들이 어떤 마음으로 빈소까지
찾아와 우는지, 살아생전 오빠를 어떻게 기억하는지 듣
고 싶었는데 결국 다가가지 못했다. 지금 겪는 모든 일이
버거워서 빨리 쉬고만 싶었다. 가능하면 다 미루고만 싶
었다.

밤 10시를 넘기고부터 북적거리던 빈소가 한산해졌
다. 오전부터 일손을 돕기 위해 찾아온 오빠 동료들만이
남아 자리를 지키고 있었다. 행여 피곤하진 않을까, 조금
이나마 쉬게 하려는 마음에 그들에게 다가가 말했다.

"이제 그만 퇴근하세요. 일찍부터 오셨으니 쉬셔야
죠."

퇴근이라니? 무심코 '퇴근'이란 단어를 내뱉었고 곧
바로 실수를 깨달았다. 출근하듯 장례식장에 온 게 아닐

텐데, 그들은 내 말을 어떻게 받아들였을까? 자리를 지켜준 사람들을 배려하지 못한 단어 선택. 그만큼 나는 모든 것에 서툴고 미숙했다.

발인

오빠의 육신이 장례식장을 떠나 화장터로 가는 날. 검은 양복에다 흰 장갑을 낀 중년 남성이 나에게 다가왔다. 장례 지도사였다.

"제가 안내하는 대로 따라 하시면 돼요."

당황스러운 내 마음을 읽었는지 장례 지도사가 조심스레 다가와 차근차근 안내해줬다. 건네준 흰 장갑을 끼고 영정 사진을 품에 안자 그가 말했다.

"앞장서시면 고인과 유족분들이 뒤따라오실 거예요."

말을 건넨 뒤 그는 뒤로 물러났다. 오빠의 사진을 품고 장례식장을 빠져나왔다. 눈앞에 보이는 운구차를 향해 느릿느릿 걸었다. 내 앞에 아무도 없다. 누구도 보이지 않는다. 부모님, 친척, 오빠의 지인, 교인들 모두 나의 뒤를 밟으며 줄줄이 따라온다. 운구차에 관을 싣자 장례 지도사가 나에게 말했다.

"사진을 들고 버스 맨 앞자리에 앉으시면 돼요."

시키는 대로 몸을 움직였다. 버스에 올라타 맨 앞좌석에 앉았다. 뒤따라 올라타는 엄마, 아빠 그리고 교회 식구들. 마지막으로 올라탄 운구차 기사가 정중하게 인사했다.

"고인의 마지막 길, 잘 모시겠습니다."

운구차가 출발하자 등 뒤에서 울려 퍼지는 찬송가가 나를 감쌌다. "나의 갈 길 다 가도록 예수 인도하시니, 그의 사랑 어찌 큰지 말로 할 수 없도다." 노랫소리는 점점 고조되었다. "성령 감화 받은 영혼, 하늘나라 갈 때에 영영 부를 나의 찬송 예수 인도하셨네." 교인들은 계속해서 목소리에 힘을 더했다. 그들은 간절히 외쳤다. 누구를 향해 저리도 목소리를 높이는 걸까. 세상을 떠난 오빠일까 하늘에 있는 하나님일까 아니면 남겨진 우리일까. 대체 누구를 위해 온몸에 힘을 싣고 울부짖는 걸까.

점점 크게 울리는 찬송가를 들으며 도리어 나는 고요해졌다. 아무것도 할 수 없고 아무것도 하고 싶지 않았다. 몸과 마음과 생각이 모두 정지된 것 같은 상태로 영정 사진만 붙들고 있었다.

발인을 마치고 집에 돌아가는 길에 정신이 들었다. 이제 장례식장에서처럼 앞으로 남은 절차와 방법을 일러주고 이끌어주는 이는 없다. 불안하다. 오빠가 없는 세상은 어떨까. 오빠와 함께 사라져버린 것은 무엇이고 남은 것은 무엇일까. 나는 어떤 것을 놓아주고 어떤 것은 짊어지고 살아가게 될까. 하지만 그런 모호함 속에서도 분명하게 느껴지는 것이 있었다. 무언가 확연히 달라졌고 달라지리라는 것이었다.

유서

화장해주시고 납골당 말고 바다에 뿌려주세요.
죽어서라도 여행하고 싶어요.

아들이 유서에 남긴 마지막 부탁을 들어주기 위해 아빠
는 유골을 들고 바다로 나섰다. 엄마와 나는 가지 않았
다. 자식을 먼저 보낸 경험이 있는 친척 어른들이 엄마를
말렸다. 절대 가지 말라고, 생각날 때마다 찾아가게 될
거라고, 그럴 때마다 더 힘들어지고 위험해질 거라고 극
구 말렸다. 위험해질 거라는 말에 정신을 놓고 바다로 뛰
어드는 엄마의 모습이 빠르게 스쳤다. 혼자 다녀올 아빠
도 걱정됐지만 엄마를 혼자 두면 절대 안 되겠다는 생각
에 엄마를 따라 집으로 향했다.

집에 도착하니 묵은 피로가 몰려왔다. 씻지도 않은
채 침대에 눕자마자 잠이 들었다.

아빠가 돌아오는 소리에 잠이 깼다. 아빠는 한 손엔
고구마피자를, 다른 손엔 영정 사진을 도로 들고 왔다.
사진을 태우고 온다고 했는데. 어떻게 된 일이냐고 묻자
아빠는 쓸쓸히 답했다.

"애가 나보고 웃고 있잖아."

홀로 바닷가를 찾아간 아빠는 어떤 시간을 보냈을까. 한껏 가벼워진 아들을 품에 안고 마지막 부탁을 들어주기 위해 적당한 곳을 찾아 헤맸을까. 너무 외롭지 않도록 따스한 볕이 드는 곳, 그토록 가고 싶어 하던 여행을 멀리 떠날 수 있도록 적당히 파도가 치는 곳을 찾았을까. 아빠는 그 순간 어떤 마음으로 아들을 보냈을까.

　　아빠에게
　　엄마가 스페인에서 돌아오기 전까지 이 일에 대해서 이야기하지 말아줘요. 다른 건 다 괜찮은데 엄마한테 너무 미안해.

아빠는 아들의 부탁을 들어주지 않았다. 아내를 위해 아들의 죽음을 알렸다. 따로 장례를 치르지 말라던 부탁도 들어주지 않았다. 떠난 자가 아닌 남은 자를 위한 선택이었다. 충분히 추억하고 아파하고 슬퍼할 수 있는 시간을 주는 것, 남겨진 이를 위한 배려다. 남은 이가 감당해야 할 무게와 시간을 오빠는 몰랐을지 모른다. 아무리 몰랐던들, 아무리 아팠던들, 오빠는 우리에게 잔혹한 충격을 남기고 떠났다. 지금 이 순간, 나는 오빠가 너무 밉다.

　　설.
　　네가 나보다 나은 것 같다. 엄마 부탁한다.

나 때문에 쓰러지지 않게 지탱해줘.

□□은행 비밀번호 XXXX

공인인증서 비밀번호 XXXXXXXXXXXX

□□은행에 5백 정도 있고 ○○보험이랑 △△은
행 쪽에 저축성 보험 있다.

유서는 짧았다. 오빠는 무엇이 자신을 아프고 힘들
게 했는지 말하지 않았다. 누구도 탓하지 않았다. 그저
더 이상 살아갈 의지가 없는 자신을 탓했다. 그리고 모
두에게 미안하다고 했다. 가족, 친구, 동료 모두에게 조
금씩 짧은 편지를 남겼다. 나에게는 부탁에 가까운 메모
를 남겼다. 엄마를 잘 부탁한다는 말과 함께 통장 비밀번
호를 알려주었다. 남은 재산과 돈 관리를 맡으라는 소리
다. 도대체 오빠는 죽기 직전 어떤 생각을 한 걸까. 남겨
질 엄마를 걱정하고 모아둔 재산을 맡길 정신까지 있었
으면서 도대체 왜 떠난 걸까.

자살 생존자

장례식장에서 이모가 다가와 당부했다.

"설아, 49일 동안 매일 기도를 드리면 오빠도 천국에 갈 수 있대."

이모는 자살하면 천국에 못 간다는 사람들의 수군거림에 마음이 쓰였는지 나에게 기도를 권했다. 스스로 목숨을 끊었다는 이유만으로 이곳에선 오빠의 죽음을 마냥 쉬쉬해야 하고, 저곳에선 천국이 아닌 지옥 운운해야 하다니. 오빠가 그렇게 큰 잘못을 한 걸까.

장례를 치르던 날 경찰은 사인을 확인하기 위해 오빠의 휴대폰 기록을 확인하던 중 우리에게 물었다.

"고인이 혹시 생전에 비트코인을 했었나요?"

경찰의 질문 하나로 친척들 사이에서 말이 돌기 시작했다. 오빠가 비트코인을 했었다는 둥, 그러는 바람에 빚을 많이 져서 극단적인 선택을 한 게 아니냐는 둥. 의심의 말들을 듣자마자, 내내 조용하던 엄마가 갑자기 목소리를 높이며 분개했다.

"그런 말 같지도 않은 소리를 얻다 대고! 알지도 못하면서 어디서 시끄럽게 떠들어대!"

엄마의 분개에 나조차 뜨끔했다. 경찰과 친척들이

내뱉는 말들에 나 역시 의심을 하고 있었다. 오빠가 우리도 모르는 사이에 투자를 했나? 그로 인한 돈 문제가 있었나? 사실 여부는 확인하지도 않은 채 떠도는 추측과 뒷말, 오빠의 행적과 죽은 이유에 대해 쉽게 내뱉는 의심의 말에 엄마는 상처를 받았고 전에 없이 크게 분노했다. 고인에 대한 의심은 유가족인 우리에게 무례함으로 다가왔다. 시기상 할 수 있는 말이 있고 아닌 말이 있다. 위로받아야 할 시기에 훅 들어오는 질문과 의심은 몹시 무례할 때가 많았다.

엄마가 가능한 한 조용히 장례를 치르고 싶다고 말한 이유를 그제야 알 것 같았다. 엄마는 아들이 자살한 이유를 설명할 길이 없는데 그것을 궁금해하고 멋대로 추측하는 사람들을 마주하고 싶지 않았을 것이다. 아들의 삶이 함부로 더럽혀지는 걸 보고 싶지 않았던 것이다.

장례를 마쳤다. 이제 나는 뭘 해야 할까. 뭐라도 해야 할 것 같은데 아무것도 손에 잡히지 않았다. 사별도 처음인 데다 자살 유가족이라니. 주변에 물을 사람도 없었다. 휴대폰을 붙들고 닥치는 대로 검색을 시작했다. 그때 나는 처음으로 자살 유가족의 또 다른 이름을 알게 되었다. '자살 생존자'. 자살 시도 후 살아남은 이가 아니다. 가족이나 소중한 사람을 자살로 잃고 남겨진 이를 자살 생존자라고 한다. 나, 그리고 우리 가족을 말한다. 내가 자살 생존자라고? 일반적인 사별보다 몇 배 더한 고통을 경험하게 된다고? 자살 고위험군에 속할 만큼 자살 위험성이 매우 높은 상태일 수 있다고? 나는 단숨에 나약하고 위험한 사람으로 분류된 것 같아 불쾌하면서도 두려웠다. 어떤 이유로든 소중한 사람을 잃으면 아프다. 누가 더 아프고 덜 아픈 것이 아니라, 저마다의 이유로 아프고 슬프다. 그런데 일반 사별과 자살로 인한 사별이 다르다 말한다. 무엇이 다른 것일까. 무엇이 우리를 그리도 아프게 하는 걸까.

"왜 떠났을까?"

한국으로 돌아오는 스무 시간 동안 엄마가 건넨 유일한 질문. 오빠가 떠나자마자 시작된 이 질문을 떨쳐낼 수 없다. 왜 죽었느냐고, 도대체 왜 떠난 거냐고 묻고 싶지만 당사자는 이미 사라져버렸다. 당사자가 없으니 나에게 묻는다. 왜 죽었을까. 대체 오빠는 왜 스스로 세상을 등진 걸까. 왜, 왜, 도대체 왜.

오빠를 본 건 몇 주 전이 마지막이었다. 짜증 섞인 말투, 스트레스 때문에 극도로 예민해 보이던 오빠의 행동들. 만약에 내가 그때 조금만 더 관심을 가지고 뭐가 힘든지, 도움이 필요한 일은 없는지 물어봐주고 먼저 다가갔다면 달라졌을까? 나와 엄마가 그렇게 멀리 여행을 가지 않았더라면, 집을 비우지 않았더라면 달라졌을까? 답을 찾기 위해 끊임없이 시계를 돌린다. 끊임없이 '만약에'를 외치고 과거로 돌아간다. 만약 내가 이렇게 했다면 결과가 달라지지 않았을까, 되돌릴 수 있지 않았을까.

　"힘들다고 할 때 바로 퇴사하라고 할걸… 이번 달까지만 참고 일하라고 하지 말걸… 바로 그만두라고 말릴걸…"

　엄마도 시계를 돌린다. 살아생전 오빠와 함께한 순간으로 돌아간다. 과거 자신의 말과 행동을 바꾼다. 그리고 스스로를 다그친다. 그러지 말았어야지. 다르게 말했어야지. 바람은 단 하나, 결과를 바꿔놓는 것이다. 그저 살아다오. 제발 살아만 다오. 아들이 여전히 살아 있는 모습으로 결말을 바꾸기 위해 시계를 돌리고 시나리오를 고친다. 이미 벌어진 일이라는 걸 알고 있음에도 영화 <인셉션>의 끝나지 않는 결말처럼 우리는 과거로 돌아가고 또 돌아간다. 멈추지 못한다. 우리가 끊임없이 '왜?'라고 질문한 건 답을 알고 싶어서가 아니다. 그저 살아달라는 부탁, 살려내고 싶다는 간절함이다.

　장례식을 마친 뒤에도 낮에는 정신없이 바빴다. 유품 정리, 사측과의 만남, 온갖 명의 변경 등 처리해야 할 일이 많았다. 사망신고 후에는 행정 처리가 복잡하다는 말에 온 가족이 각자 할 일을 찾아 바삐 움직여야 했다. 저녁에 집에 돌아와서야 겨우 한숨을 돌릴 수 있었다. 아빠는 휴대폰을 들여다보다 잠이 들었고, 엄마는 방에 들어가 찬송가를 불렀는데 그러다 간혹 흐느끼는 소리가 새어 나오곤 했다. 나는 책을 읽고 글을 썼다. 밤이 되어서야, 고요해지고 나서야 우리는 자기만의 공간에서 눈물을 흘리고, 한숨을 삼키고, 추억하고, 괴로워하고, 외면하며 저마다의 방식으로 시간을 보냈다.

주말이 되었다. 은행도 주민센터도 모두 문을 닫자 우리가 처리할 수 있는 일은 많지 않았다. 해야 할 일들이 사라져버리니 마땅히 무엇을 해야 할지 막막했다. 오늘 뭐 할 거냐고 묻자 엄마가 곧바로 대답했다.

"잘 쉴 거야."

그러게. 그냥 쉬어도 되는데 우리는, 아니 나는 왜 그리 조급했던 걸까. 왜 매일 아침 눈을 뜨자마자 할 일을 찾고, 가능한 한 빨리 처리하겠다는 마음으로 이리저리 뛰어다녔을까. 무엇이 나를 조급하게 만든 걸까. 왜 나는 시키지도 않은 일을 찾아 헤맸을까. 온갖 사후 처리들이 지금 가장 중요할까? 아니다. 미처 깨닫지 못하고 있었다. 엄마가 말했듯 우리에게 가장 필요한 것은 잘 쉬는 것이다. 남겨진 나와 우리를 잘 보살피는 것보다 중요한 일은 없다.

마지막 자리

"기숙사 입사할 때 처음 왔었는데, 이렇게 짐을 빼러 다시 오네. 살아 있을 때는 찾아오지도 못하고."

유품을 챙기기 위해 부모님과 오빠가 지내던 숙소로 향했다. 이제야, 이렇게 오게 될 줄은 몰랐다.

오빠가 이직에 성공하고 사내 기숙사에 입주하던 날은 비가 쏟아졌다. 엄마는 초보 딱지도 떼지 못한 불안한 솜씨로 운전대를 잡았다. 장대비에 무슨 운전이냐며 내가 극구 말렸지만 엄마는 기어코 당신이 데려다주겠다고 했다. 그렇게 엄마와 함께 오빠를 집에서 기숙사까지 데려다주었다. 그때가 오빠의 숙소를 찾은 처음이자 마지막이었다. 오빠는 돈을 벌기 위해, 살기 위해 기숙사에 들어갔다. 그리고 그곳에서 힘에 부친다며 스스로 생을 마감했다.

사내 기숙사로 사용하고 있는 아파트 단지에 익숙한 차가 주차되어 있었다. 오빠의 출퇴근길을 함께하던 중고 은색 마티즈. 단지 앞 정원 한쪽에 새로 덮은 듯 다른 빛깔의 모래가 깔린 부분이 보였다. 아빠가 말했다.

"오빠가 발견된 곳인 것 같다."

오빠의 숙소가 있던 9층으로 올라갔다. 승강기 옆

복도에 창문이 있다. 창문을 열고 1층을 내려다보니 모든 게 아득하게 느껴졌다. 신경이 곤두섰다. 오빠에게 이 아찔함을 이길 수 있는 용기와 대담함이 있었던가. 물건 하나 구매할 때도 신중히 따져보던, 자기는 죽을 용기가 없어 못 죽을 거라 스스로 말하던 사람이 이렇게 대범한 행동을 벌일 수 있었단 말인가. 내가 오빠에 대해 너무나 몰랐던 것일까. 용기가 없다던 오빠의 말은 거짓이었을까. 혹은 스스로도 몰랐던 것일까. 그날 밤 그 행동은 오빠 스스로도 알지 못했던, 예측할 수 없는 미지의 영역이었을까?

기숙사 문을 열고 들어갔다. 가정을 꾸려도 될 만큼 쾌적한 크기의 스리룸. 오빠가 지내던 방에 들어가자 유품 상자가 천장에 닿을 듯 쌓여 있었다. 생각보다 양이 많았다. 대형 이삿짐 박스로 열 상자가 넘었다. 트럭을 빌려서 다시 와야 할 것 같았다. 짐 옮기기를 포기하고 집 안을 찬찬히 둘러보았다. 평일에 오빠가 주로 머물렀을 소파가 덩그러니 놓인 거실 그리고 썰렁한 부엌.

"화장실 좀 다녀올게요."

나가기 전 들렀던 화장실, 그곳에 찝찝한 실상이 있었다. 세면대 안은 붉은 물때가 잔뜩 끼어 있었고, 타일 틈과 변기 곳곳에는 시커먼 곰팡이가 피어 있었다. 오빠가 이런 곳에서 살았다고? 정신없이 일하고 돌아와, 이런 곳에서 씻고 잠에 들었다고? 야근에 찌든 회사원들끼리 살면 다 이런가? 잠만 자면 되니까? 눈앞에 펼쳐진 열악한 위생 상태를 이해하기 위해 이유를 찾아봤지만, 충격은 가시지 않았다.

기숙사 문을 열면서 오빠는 어떤 느낌을 받았을까. 먹고 자는 것 이상의, 집이 주는 안정감과 안락함을 이곳에서 채울 수 있었을까. 장례식 후 오빠의 핸드폰에서 룸메이트들과의 카톡방을 본 적이 있다. 카톡방엔 정적만이 감돌았다. 담소나 다정함이라곤 찾아볼 수 없었다. 공간도 사람도 자신을 환대하지 않는 시간 속에 사는 기분은 어떤 것이었을까?

기숙사를 나와 오빠가 다니던 회사로 향했다. 생활권인 시내에서 멀리 떨어진 공단에 회사가 있었다. 차로 한참을 달리는 사이 빼곡했던 아파트 단지가 사라지고 점차 한적해지더니 숲과 논과 밭에 이어 회색빛 공장이 늘어선 광경이 펼쳐졌다. 그 흔한 카페도 편의점도 보이지 않았다. 수없이 밤을 지새우며 야근을 했다는데 이런 허허벌판에서 오빠는 무얼 먹고 지냈을까. 구내식당마저 닫힌 그 시각에 오빠는 어떻게 허기진 배를 채웠을까. 오빠는 야근식대로 주말마다 온갖 컵밥과 컵라면을 종류별로 사서 쟁여둔다고 했었다. 원래도 편의점 음식을 좋아했지만, 이렇게 회사 주변에 먹을 게 없으니 더욱 그랬을 것이다.

오빠의 유품에 위생복이 있었다. 하늘색 줄무늬가

그려진 전신 작업복으로 공장에 들어갈 때 착용해야 하는 유니폼이었다. 오빠는 평소 하얀 셔츠에 검은 슬랙스 차림을 좋아했다. 회사에서도 그렇게 차려 입고 에어컨 빵빵한 사무실에서 컴퓨터 앞에 앉아 일하는 줄만 알았다. 아니었다. 오빠는 외주 업체에서 들어온 제품의 도면을 검토하고, 이상 없이 잘 작동하는지 점검하기 위해 현장을 뛰는 일도 많았다고 한다.

이제야 오빠의 일상이, 오빠의 하루가 그려진다. 물때 낀 기숙사 화장실, 시내에서 공단으로 들어가는 멀고 먼 출퇴근길, 변변하게 식사할 곳 하나 없는 허허벌판 위의 공장과 썰렁한 기숙사를 오가는 생활. 평일의 오빠를 감싸고 있던 배경이 이제야 또렷해진다. 그동안 알지 못한 집 밖의 오빠가 그려진다. 이제야 그가 생생하게 살아 움직인다. 하지만 끝까지 그려지지 않는 것이 있었다. 오빠의 얼굴, 오빠의 생각, 오빠의 감정, 오빠의 마음. 그 공간에서 오빠는 어떤 표정과 어떤 생각을 하고 있었을까. 나는 왜 이제야 찾아온 걸까. 왜 이제야 알게 된 걸까. 늦었지만 이제라도 오빠의 모든 것을 알고 싶다. 더 많이 알고 싶다. 살아 있었던 모습을 가능한 한 구체적으로 떠올리고 싶다.

유품 정리

엄마, 방 정리 못 하고 가서 죄송해요.

삶을 포기할 정도로 고통스러운 순간에도 오빠는 자신
이 남긴 짐을 정리하지 못하고 가는 것을 걱정했다. 오빠
의 방은 마치 완구회사 물류창고처럼 장난감 상자로 가
득 차 있었고, 쌓여가는 박스만큼 마음의 짐도 늘어갔을
것이다.

　오빠는 하나를 좋아하면 깊게 파고드는 성격이었
다. 어렸을 적 애니메이션을 좋아할 때는 당시 띠부띠부
씰이라고 불리던 포켓몬스터 스티커를 모으기 위해 매
일 스티커가 들어 있는 샤니 빵을 샀다. 얼마 안 되는 용
돈으로 참으로 열심히도 모았다. 사회생활을 시작하면
서 자율성이 커지고 지갑도 두둑해지자 오빠가 파고드
는 분야는 넓어져갔다. 주말에는 성우 학원에 다니고, 희
귀한 피규어를 구하기 위해 일본까지 원정을 다녀오는
것도 마다하지 않았다. 하지만 현실은 오빠가 좋아하는
것을 충분히 즐길 여유를 주지 않았다. 주말도 명절도 없
이 업무가 쏟아졌고 오빠는 덕질은커녕 부족한 잠을 채
우기에도 바빴다. 장난감 상자는 쌓여갔지만 바쁜 일상
에 치여 시간은 흘러갔고, 결국 오빠는 천장에 닿을 만큼

높게 쌓인 상자를 열어보지도 못한 채 세상을 떠났다.

> 덕질 지인분들, 꼬꼬마 투정 받아주셔서 감사합니다.
> ○○ 형님, 죄송하지만 제 장난감 좀 처분해주세요. 가지셔도 좋고요.

오빠의 부탁대로 아끼던 것들이 좋은 주인을 만나길 바라는 마음에 ○○ 형님에게 문자를 보냈다. 며칠 전 오빠가 세상을 떠났다고, 경황이 없어 부고를 이제야 전하게 되어 죄송하다는 말과 함께 오빠의 마지막 말을 그대로 전했다. 곧바로 전화가 왔다. 진짜냐고, 갑자기 무슨 일이냐고 묻는 그에게 말했다. 오빠가 '스스로 세상을 등졌다'고. 장례 때부터 나는 '자살'을 대신할 언어들을 찾고 있었다. 자살, 입에 담기에는 아직 너무나도 무겁고 버겁다. 형님이 말했다. "손이 떨려요." 그가 울자 나도 따라 울음이 터진다. 수화기 너머 얼굴도 모르는 그와 함께 울고 말았다.

다음 날 그가 집에 찾아왔다. 오빠가 활동하던 동호회의 다른 멤버 두 명과 함께였다. 장난감 상자 여는 것만도 만만치 않을 거라고, 대부분 분리수거하고 소각장까지 보내야 할지 모른다며 정리를 돕겠다고 나섰다. 유품 정리가 만만찮다는 걸 그들은 어떻게 알고 있었을까.

그의 말처럼 상자 개봉에만도 한참이 걸렸다. 성인 남성 세 명이 달라붙었는데도 장장 일곱 시간이 지나서야 1차 분리수거를 마쳤다. 대형 포대에 장난감 조각들을 담았다. 족히 20킬로그램이 넘는 포대만 수십 개. 손수레에 싣고 분리수거장을 오가길 몇 차례. 고된 노동에 짜증이 올라오기 시작한다. 슬픔인지 분노인지 모를 감정이 솟아오르자 이 모든 상황을 제공한 오빠가 떠오른다. 방 정리 못 해서 죄송하다고? 그래, 오빠는 우리한테 미안해야 해.

장난감을 모두 처분했는데도 방에는 물건이 가득하다. 오빠의 얼굴을 채워주던 둥근 테 안경, 돈에 너무 휘둘리고 싶지 않다며 읽던 마르크스의 『자본론』을 비롯한 온갖 경제학 책들, 심적으로 힘들었던 생활을 대변해주는 듯한 심리학 책들, 인형, 옷가지, 가방…. 언젠가는 흐릿해질 오빠에 대한 기억을 붙잡아줄 단서들이 곳곳에 남아 있다.

특별히 추억할 만한 오빠의 물건을 추려 거실 한가운데에 펼쳤다. 유품 옆에 둘러서서 부모님과 나는 각자 간직하고 싶은 물건을 골랐다.

"이건 내가 입어도 되겠는데? 엄청 편해."

엄마는 편해 보이는 추리닝을 고르더니 예쁘다며 따로 챙겼다. 아빠는 오빠의 백팩과 작업복을 챙겼다. 나는 귀여운 인형을 골라 집었다. 오빠가 일본에서 직접 사온 포켓몬스터 인형. 노란 피카츄가 세상 걱정 없이 귀여운 얼굴로 해맑게 웃고 있다. 보들보들한 극세사 인형을 안자마자 포근해진다. 그래, 오빠는 어렸을 적부터 포켓몬스터를 좋아했지. 잊고 있던 오빠의 취향이 떠올랐다.

애도 작업

늦은 아침이지만 힘껏 뭉그적대고 싶다. 엄마도 같은 마음이었는지 나와 함께 침대 위를 뒹굴뒹굴하다 나에게 뭐 먹고 싶냐고 묻는다. 밖에 돌아다니기를 좋아하던 엄마지만 요즘 들어 부쩍 끼니만큼은 꼭 집에서 챙긴다. 부엌에서 한참을 지지고 볶아서 하나 이상의 메인 요리를 내온다. 매번 요리하는 엄마의 수고를 덜기 위해 식욕이 없는 척 무심하게 답했다.

"그냥 대충 냉장고에 있는 거 꺼내 먹자."

"안 돼. 우리는 평소보다 기력이 훨씬 떨어져 있다고. 이럴 때일수록 잘 먹고 힘내야 해. 고등어조림 해 먹을까?"

엄마는 기어코 새로운 메뉴를 제시한다. 기력이 떨어진 건 나만의 문제가 아니었나 보다. 엄마 역시 오빠를 잃고 나서 체력이 부족하다는 것을 자각하고 있었다. 잘 먹고 힘내야 한다는, 자신뿐 아니라 우리 모두 그래야 한다는 경각심이 엄마가 번거로워도 매번 요리를 하는 이유였다.

주방 도구들이 한동안 달그락댄다. 취사가 완료되었습니다, 밥솥의 안내 음성과 함께 갓 지은 밥 냄새가

퍼진다. 탁탁 탁탁, 규칙적으로 들려오는 칼질 소리. 치이이익, 한껏 달군 팬에서 고기 익는 소리. 식욕을 돋우는 자극에 나른해져만 가던 세포가 깨어나 자연스레 몸을 일으켜 앉았다.

"살 빠졌어."

헐렁이는 바지춤을 내보이며 엄마가 희미하게 웃는다. 내 배를 만져보니 나도 홀쭉해졌다. 매끼 집에서 든든히 챙겨 먹었는데도 어느새 살이 빠진 것이 걱정스러우면서도 가늘어진 내 모습이 나쁘지만은 않다. 엄마를 따라 나도 웃었다.

생각해보니 요즘 통 입맛이 없다. 내 평생 입맛 없던 적이 있었던가. 애인에게 차였던 날에도 나는 자작자작한 닭볶음탕 국물에 야무지게 밥을 비벼 먹었다. 그날의 난 매콤하고 달짝지근한 냄새에 즉각 반응했다. 충격과 슬픔과는 별개로 조그마한 자극에도 나의 식욕은 금방 되살아났다. '헤어져도 밥만 잘 먹더라'라는 노래 가사 주인공이 바로 나였다. 식욕이 강한 강아지들이 오래 산다고 하지 않았던가. 식욕이 생존 욕구를 반영한다는 말을 떠올리며 나는 안심했다. 나란 인간은 무슨 일이 생겨도 어떻게든 잘 살아남을 것 같았다. 그런 내가 식욕이 없어지다니, 익숙하지 않은 일이었다.

오빠를 보낸 뒤 답답한 마음에 펼쳐 든 김형경의 『좋은 이별』이라는 책도 엄마와 비슷한 말을 건넨다. 애도 작업은 힘이 많이 드는 일이므로 충분한 영양을 섭취해야 한다고. 적당량의 탄수화물로 에너지를 충당하고 다섯 가지 색깔의 채소와 과일을 먹고, 비타민과 무기질이 고루 함유된 영양 보조 식품을 먹으라고. 하지만 아무것도 먹고 싶지 않고, 아무것도 하고 싶지 않다. 그럼에도 은연중 바란다. 나아졌으면 좋겠어. 괜찮아지고 싶어.

결국 나아지고 싶다는 말은 살고 싶다는 마음일 것이다. 이럴 때일수록 잘 먹고 힘내야 한다는 엄마의 말은 결국 살자, 살아내자, 살아야 한다 혹은 살고 싶다는 말이었다.

엄마와의 여행을 위해 냈던 휴가가 갑작스럽게 오빠의 장례식으로 이어졌다. 언제 다시 출근하느냐고 엄마가 물어서 가족상 휴가를 알아봤다.

• 경조사별 휴가 일수
본인 및 배우자의 부모: 5일
본인 및 배우자의 조부모, 외조부모: 3일
자녀 및 자녀의 배우자: 3일
본인 및 배우자의 형제자매: 1일

형제를 잃은 경우 통상 주어지는 휴가는 단 하루였다. 하루? 대체 하루 동안 무얼 할 수 있을까. 장례식만도 사흘이 걸리는데. 규정상 형제자매의 장례는 자리를 지키는 것조차 어렵게 돼 있다. 그러니 조문객을 맞이하느라 밀려버린 잠을 채울 수도, 유품 정리나 명의 변경을 위해 부모님 일손을 도울 수도 없거니와 마비된 뇌와 현실 감각을 차분히 되찾을 여유 같은 건 엄두도 낼 수 없다.

휴가 일수뿐만 아니라 행정 절차에도 차이가 났다. 고인과의 관계에서 나는 매번 후순위였다. 오빠의 자동차 명의를 변경하려 해도 부모님이 동반해야 했다. 나 혼자 해결하려면 가족관계증명서, 상속포기각서 등 온갖 서류가 더 필요했다. 슬픔, 애도의 기간은 누가 어떤 기준으로 정한 걸까? 사회는 당연하다는 듯 부모자식 간의 애정을 가장 크게 보았고, 형제는 후순위였다. 통상 그렇다고 하니 그렇게 봐야 할까? 나는 부모님보다 덜 아프고 덜 슬프니 더 빨리 나아질 수 있고 더 빨리 회복해야만 하는 걸까?•

"다음 주까지 출근하지 말고, 쉬어요."

"그래도 되나요? 형제자매 상은 하루밖에 안 된다던데요…."

"쉬어야죠. 부모님 곁에 있으면서 쉬고 싶은 만큼 쉬

• 나중에 좀 더 자세히 알아보니, 경조사 휴가는 법정 휴가가 아니라 노사 간에 자유롭게 정할 수 있는 약정 휴가라고 한다. 2019년 고용노동부 「표준 취업규칙」에 따르면 형제자매의 사망의 경우 3일을 권고하고 있지만 이마저도 지켜지지 않고 있다.

고 오세요."

회사의 배려로 일주일간 쉬게 되었다. 일주일, 당연히 내가 누릴 수 있는 권리일까, 아니면 애도와 슬픔에 인색한 현실과 비교하며 감사해야 할 일일까. 그런데 벌써 복귀한 뒤가 걱정된다. 수시로 울컥하며 올라오는 슬픔과 정신적 공황 상태에서 내가 일을 할 수 있을까. 감정을 억누르며 가면을 쓰고 생활해야 하는 상황, 퇴근하고 돌아와 홀로 슬픔을 삼켜야 할 상황이 머리에 스친다. 다짐한다. 괜찮아져야 해. 동시에 억울함이 올라온다. 왜 우리 사회는 심적 아픔과 회복에 이리도 인색한가.

일주일이 지났다. 이제는 출근을 위해 서울로 돌아가야 한다. 부모님 곁을 지킬 수도, 두 눈으로 확인할 수도 없다. 나 없이도 괜찮을까? 아빠는 말했다.

"괜찮을 거야. 나도 엄마를 챙기고 있고, 애교 넘치는 강아지도 있잖아. 다음 주부터는 선교 교육도 받으러 간다잖아. 함께 이야기 나눌 사람도 있고, 바쁜 일정을 소화하다 보면 시간이 빠르게 흐르겠지."

엄마 곁에 있는, 엄마가 무너지지 않게 도와줄 만한 안전장치를 떠올려본다. 엄마는 괜찮을 거란 말을 스스로에게 던져본다. 괜찮을 거라고, 괜찮아질 거라고, 엄마를 믿어본다.

서울로 올라가는 길에 애도 기간 중 가장 중요한 일은 자신을 돌보는 것이라는 내용을 줄곧 떠올렸다. 평생 쫓아다니면서 엄마의 일거수일투족을 살필 수는 없어. 나도 회사에 복귀해야지. 나도 일상으로 돌아가야지. 나도 살아야지.

　곁을 지킬 수 없는 지금, 내가 할 수 있는 건 많지 않다. 자주 전화하고 자주 안부를 묻는 것. 주말마다 찾아가는 것…. 내게 주어진 상황에서 할 수 있는 것들의 목록을 뽑아본다. 다시 스스로에게 말한다. 지금 여기서 내가 할 수 있는 일만 하자. 할 수 없는 건 잊어. 너무 불안해하지 말자. 나도 내 삶을 살자. 내 삶을 살아야, 내가 건강해야 부모님도 지킬 수 있지.

일상

볕 좋은 날들이 이어지고 노란 개나리가 만개했다. 하지만 기쁘지 않았다. 바깥세상은 날로 환해지고 화려해져가는데 그리로 눈길조차 가지 않았다. 그저 무감흥, 무관심, 무감각하기만 했다. 그러다 내 마음 같은 건 조금도 상관없다는 듯이 냉정하리만큼 밝기만 한 세상에 불쑥불쑥 눈두덩이가 뜨거워졌다.

오빠가 세상을 떠나고 엿새 뒤 내 생일이 돌아왔다. 평소에도 특별한 파티 없이 조촐하게 보내는 편이었지만, 이번에는 축하 인사조차 받고 싶지 않았다. 오빠의 부고를 알지 못하는 지인들이 축하 인사를 보낼까 봐 두려웠다. 내가 이 세상에 태어났다는 기쁨은 오빠가 죽었다는 슬픔 앞에서 의미가 없어져버렸다. 오빠가 죽었는데 내 생일이 무슨 의미가 있을까. 이런 내 마음을 알았는지 웬일로 휴대폰이 조용했다. 다행이다.

출근을 앞두고 일상으로 복귀할 시간 앞에서 걱정이 됐다. 어떤 표정으로 첫인사를 해야 할까. 너무 슬퍼보여도, 너무 덤덤해 보여도 안 될 것 같았다. 회의를 하다가 갑자기 눈물이 나면 어떡하지. 동료들이 괜찮냐고 물어보면 어떻게 대답하지. 가족상을 치른 나를 배려해

주길 바라면서도 한편으로 과도한 걱정과 관심이 쏟아 질까 봐 걱정됐다. 제발 괜찮냐고 묻지 말아줬으면.

불안을 안고 출근을 했다. 다행히 동료들은 나에게 질문을 하지 않았다. 그저 오랜만이라며 반겨주고, 잘 쉬 었는지 안부를 물을 뿐이었다. 나는 안심했다.

엄마는 이제 자녀가 몇이냐는 질문 앞에서 말문이 막힌다고 했다. 그렇다면 나는 누군가 형제가 어떻게 되 느냐고 물어보면 이제 뭐라고 답해야 할까. 지금껏 별다 르게 생각하지 않던 질문이 다른 무게로 다가왔다. "오 빠가 있다"고 해야 할까. 그런데 이젠 없으니 "오빠가 있 었다"고 해야 맞을까. 구체적으로 캐물으면 어떻게 해야 할까. 오빠와 함께 사는지 따로 사는지, 오빠는 몇 살인 지 물으면 어떻게 대답해야 할까. 오빠가 있었지만 이제 는 없다고 솔직하게 답하려다가 어색한 자리에서 울음 이 터질까 봐, 분위기를 부드럽게 하려고 던진 가벼운 질문에 무거운 답을 해서 분위기를 망칠까 봐 두려웠 다. 차라리 외동이라 말하는 게 낫겠다. 더 이상 캐묻지 못하도록.

"가족관계가 어떻게 되세요?" 이 평범한 질문이 이 렇게 당혹스럽고 무례한 질문이었나. 아무렇지 않았던 일들이 두려워진다. 나의 아픔을 건드리는 말들이 많아 진다. 점차 겁쟁이가 되어간다. 사람을 만나는 일, 사람 들과 나누는 대화가 무서워진다. 꽤나 솔직한 편이었던 내게 비밀이 많아진다.

지금껏 대화를 나눴던 수많은 얼굴이 스친다. 그간 아무 생각 없이 던진 내 질문에 누군가는 곤혹스럽지 않았을까? 솔직하게 답할 수 없는 질문 앞에서 자신만의 어둠을 숨기느라 당황하지 않았을까?

출근을 시작하고 이전과 같은 일상으로 돌아가고 있다. 아무렇지 않은 것은 아니지만 특별할 것도 없다. 변한 것이라곤 예전보다 바쁘지도 않은데 이상하게 더 피곤하다는 것. 회사 일에다 오빠 일까지 처리하느라 이래저래 신경 쓸 일이 많아서일까.

업무 중에 전화가 자주 울렸다. 오빠의 퇴직금 지급을 위해 계좌를 알려달라든가 행정 처리에 관해 묻는 전화들이었다. 여기저기서 오빠를 대신해 나를 찾는다. 오빠의 죽음은 피하고 싶어도 피할 수 없다.

사내 교육차 외근을 나갔다. 낯선 사람들과 만나는 자리였고 어김없이 자기소개 시간이 주어졌다. 아이스 브레이킹 차원에서 요즘 가장 행복한 일과 힘든 일을 묻는 대화가 오갔다. 심각한 자리가 아니어서 다들 엇비슷한 대답을 편안하게 내놓았다. 곧 내 순서가 되었고 나는 씩씩하게 입을 뗐다. 출근을 시작한 뒤로 집에 혼자 있을 때는 울지 않는 날이 없었지만 일을 할 때는 평정심을 잘 유지하고 있다고 생각했기에 안심하고 있었다.

"요즘 저를 힘들게 하는 것은⋯."

나는 더는 말을 잇지 못하고 울먹이고 말았다. 이게 아닌데⋯. 소중한 사람을 잃어서 힘들다고 말하고 싶었지만 남들 앞에서 울고 싶지는 않았는데⋯. 심지어 얼마 전 다른 모임에서는 비슷한 질문에도 씩씩하게 대처했었다. 그때는 괜찮고 지금은 왜 안 괜찮은가.

요즘의 나는 도무지 예측할 수 없다. 기운 없고 멍하다가도 일이 주어지면 흐트러지는 정신을 부여잡고 기운차게 해낸다. 그러다가 조그마한 자극에도 털썩 무너진다. 정신을 차렸다가 흔들렸다가 무너지는 일이 자주 반복된다. 이런 내가 불안하다.

엄마의 편지

2부

우리 모두 이별에 서툴다

독서 모임에서 김형경의 『좋은 이별』을 읽었다. 당시 나는 책을 읽은 감상을 말하며 "좋은 이야기이긴 하지만 저에겐 와닿지 않네요"라고 했다. 오빠와 이별하기 전의 일이다.

오빠가 떠난 뒤 나는 막막했다. 남겨진 사람은 무엇을 해야 하나. 자살, 죽음 그리고 이별에 대해 닥치는 대로 검색했지만, 실질적인 도움을 주는 정보는 많지 않다. 아무것도 모른 채 우왕좌왕하는 우리 가족에게 장례 절차를 그야말로 착착 지도해주던 장례 지도사처럼 내가 무엇을 어떻게 하면 되는지 가르쳐주는 사람이 있었으면 좋았겠지만 내 곁엔 아무도 없었다. 그래서 나는 책에 매달렸다.

나만이 아니라 다른 사람들도 이별에 서툴고 헤어진 후 어떻게 해야 하는지 잘 모르는 것 같았다. 물론 세상에 통용되는 몇 가지 이별의 지침들이 있기는 했다. 떠난 사람은 깨끗이 잊는 게 낫다. 바쁘게 지내다 보면 곧 괜찮아질 것이다. 이런 때일수록 어깨를 펴고 당당하게 지내야 한다. 슬픔이나 고통은 혼자 조용히 처리해야 성숙한 사람이다. 그런 지침들은 그러나 마음의 고통을 덜어주지는 못하는 것 같았다. 아니, 아픔이 더 오래 지속되게 만드는 효과가 있는 것 같았다.●

우리 '모두' 이별에 서툴다는 작가의 고백에 나는 안도했다. 나보다 연장자인 작가도 이렇게 서툴다고, 세상의 말과 지침이 효과가 없다고 말하지 않는가. 여태껏 나는 이별에 대해 배워본 적도 연습해본 적도 없다. 남의 시선을 피해 홀로 우는 것 말고 할 수 있는 것이 없었다. 작가는 홀로 슬픔을 삼키는 게 성숙한 모습이라고 여기던 내 생각을 꼬집었다.

독서 모임에서 처음 읽을 때는 몰랐는데 상황이 바뀌고 다시 펼쳐보니 이 책은 매우 유용한 실용서였다. 잘 이별하는 것이 왜 중요한지, 이별에 대해 어떤 생각과 태도를 가져야 하는지, 이별 앞에서 어떻게 행동하면 좋은지 등이 구체적으로 잘 정리되어 있었다. 나에게는 유일한 '애도 지도서'였다.

애도 일지 기록하기
애도 작업은 상실이 일어난 바로 그 순간부터 시작되어야 한다. 최초의 충격과 혼동부터 기록함으로써 위험한 감정들을 위험하지 않은 형태로

● 김형경, 『좋은 이별』, 사람풍경, 2012, 20~21면.

표현하기 시작한다. 잘 쓰거나 규칙적으로, 의무
적으로 쓸 필요는 없다. 종이와 연필을 들고 내면
의 목소리가 이끄는 대로 써 나가면 된다.•

애도 일지가 애도 과정에 도움이 된다는 말에 다음
날부터 매일 일기를 썼다. 힘들고 불편한 감정이 올라올
때면 일기장에 토해내고 위로받았다. 타인에게 아픔을
꺼내 보이는 법도 모르고 기대어 우는 것에도 미숙한 나
였지만, 글 안에서는 자유로웠다. 글을 쓰면서 비로소 목
놓아 울기도 하고 오빠에 대한 원망이 일어날 때마다 욕
도 짜증도 마음껏 내뱉었다. 글 속에서 나는 나를 풀어놓
았다. 그제야 일상에 내던져진 내 모습이 또렷이 보였다.
나는 우려했던 것보다 해야 할 일을 잘 수행하기도 했고,
안심한 순간에 갑자기 울음을 터뜨리며 불안정한 모습
도 보였다.

오빠를 잃은 뒤의 감정을 내가 있는 힘껏 백지에 쏟
아내듯, 엄마는 신에게 기도를 토해냈다. 그전보다 더 열
정적으로 신앙에 매달렸다. 나는 생각했다. 그래, 엄마,
삼키지 말고 토해내. 온몸의 힘을 빼고 기대고 의지해.
아무도 보지 않는 곳에서 마음껏 울부짖고 분노하고 원
망해. 우리에겐 그런 공간이 필요해. 어떤 시선도 의식하

• 같은 책, 65면.

54

지 않고 나를 쏟아낼 수 있는 곳, 작위적인 노력을 그만 둘 수 있는 무중력 지대 같은 곳 말이야.

엄마가 신앙에 매달리는 모습을 보며 나는 안심했다. 힘든 순간, 엄마에게도 의지할 대상이 필요했고 신 혹은 신앙이 그 역할을 해주리라 기대했다. 하지만 엄마는 내가 이해하기 힘들 정도로 순식간에 함몰되듯 신앙 활동에 빠져들었다.

"젊었을 때 신학대에 진학할까 고민했던 적이 있어."

얼마 전 엄마가 젊은 시절을 돌아보며 말했다. 이전부터 엄마는 삶이 힘들수록 밤낮으로 교회를 찾았다. 내가 어렸을 적, 엄마는 안팎으로 가장이었다. 경제적으로 불안정한 아빠를 대신해 가족의 생계뿐만 아니라 육아까지 도맡았다. 깊이 생각하지 않아도 알 수 있다. 엄마의 삶은 버겁고 피폐했을 것이다. 그 시절 엄마의 유일한 안식처는 새벽 기도와 주일 봉사였다. 엄마는 일, 집, 교회밖에 몰랐다. 시간만 나면 교회를 찾았다.

아들을 잃은 후에도 엄마는 교회를 찾았다. 어느 날 한 선교 단체에서 진행하는 교육프로그램을 듣고 나서 엄마는 적극적으로 선교 활동을 시작했다. 제대로 배우 겠다며 성경 통독을 시작했고, 단체 리더 자리도 마다하지 않고 시간과 에너지를 투자했다. 여러 역할을 수행하기 위해 엄마는 바삐 움직였다. 체력이 있어야 한다며 꼬박꼬박 끼니를 챙기고, 이리저리 사람을 만나러 다녔다.

활발히 바깥 활동을 하는 모습에 나도 걱정을 덜었다. 아들을 잃은 순간부터 처참한 고통 속에서 꾸역꾸역 하루하루를 버텨가고 있었을지라도, 적어도 내 눈앞에 선 엄마는 다시 피어나는 새순처럼 생기를 되찾고 있었다.

그럼에도 나는 엄마가 불안했다. 묻고 싶었다. '엄마, 요즘 어때? 괜찮아? 오빠 생각에 괴롭진 않아?' 하지만 묻지 못했다. 입 밖으로 꺼내는 순간 서로가 아플까 봐, 엄마보다 내가 먼저 무너질까 봐 무서웠다. 그저 오늘은 뭐 했느냐고, 대수롭지 않은 듯 근황을 물으며 조심스레 엄마의 상태를 살필 뿐이었다.

어제 너의 장례를 치렀다

한 사람이 죽었지만, 엄마와 나는 각자 다른 사람을 잃었다. 나는 오빠를 잃었고, 엄마는 아들을 잃었다. 엄마에겐 어떤 아픔이 있을까? 엄마는 그 아픔을 어떻게 감당하고 있을까? 엄마에게 직접 묻고 싶었지만 차마 용기가 나지 않았다. 피하고만 싶었다. 그러던 어느 날, 엄마의 편지를 발견했다.

사랑하는 우리 아들, 어제 너의 장례를 치렀다.

오빠의 장례를 치르고 1년쯤 지났을 때, 오빠의 카톡 계정에 들어가 보니 그동안 엄마가 쓴 메시지가 쌓여 있었다. 엄마는 장례를 치르고서도 예전처럼 아들에게 메시지를 보내고 있었다. 거기에는 내가 없는 곳에서 엄마가 홀로 견뎌야만 했을 시간의 고통, 바로 곁에서 지켜보면서도 내가 알아차리지 못했던 엄마의 두려움 그리고 아들이 사라진 세상에서 살아가야 하는 삶의 막막함이 담겨 있었다. 엄마는 보고 싶다고, 잘해주지 못해 미안하다고, 우리가 너 없이 잘 지내는 것처럼 보여도 너무 서운해 말라고 메시지를 보냈다. 그렇게 매일 밤 오빠의 카톡은 울려댔던 것이다.

아들,

네가 가고 나서 세 번째 주일을 맞았다.

아직도 어딘가에서 나타날 것만 같고

믿기지 않는 현실이 일상인 것 같다.

　아들이 세상을 떠났다. 사라졌다. 더 이상 볼 수 없다. 엄마는 너무나 갑작스레 아들로부터 이별 통보를 받았다. 주말이면 늦잠 자는 아들을 깨워 점심을 먹여야 하는데, 주일이면 같이 교회에 가서 예배 방송실을 담당하는 아들을 봐야 하는데, 월말이면 관리비 내는 걸 잊지 말라고 챙기는 아들의 메시지가 울려야 하는데, 모든 것이 고요하다. 집에서도 교회에서도 휴대폰에서도 아들은 조용하다. 시시때때로 나타나야 할 아들의 목소리와 얼굴이 모조리 사라져버렸다. 이 현실이 낯설고 믿기지 않아서 엄마는 주인 잃은 오빠의 휴대폰에 대고 공허한 질문을 외쳐댔다. 얘야, 어디 있니. 정말 간 거니?

그날은 정말 슬플 것 같다

아빠가 경찰서에서 사건 사실 확인서를 받아 왔다.

사망 시간: 2019년 3월 5일 6시 40분

발견자: 경비원

사인: 출혈성 뇌좌상

사고 종류: 추락

의도성 여부: 자살

*사망신고는 1개월 이내 관할 구청, 시청, 읍 동
면사무소에 신고하여야 하며, 지연신고 및 미신
고는 과태료가 부과됩니다.

확인서에 적혀 있는 사망 시간, 오빠가 이미 숨을 멈
춘 시간. 나는 그 이전이 더욱 궁금해졌다. 오빠가 세상
을 등지기로 결심하고 실행에 옮겼을, 고통에 몸부림쳤
던 시간. 하루가 바뀌는 자정 언저리에 오빠는 어디에 있
었을까. 방 안에서 유서를 쓰고 있었을까. 아니면 차가운
바닥에 엎드려 식어가고 있었을까?

내일모레는 네 사망신고를 할 계획이야.
그날은 정말 슬플 것 같다.

마음 준비를 해야겠다.

장례를 치르고도 처리할 일은 많았지만 내가 할 수 있는 일은 많지 않았다. 사망신고, 재산상속, 명의변경 등 행정적으로 오빠의 흔적을 지우는 건 부모님 몫이었다. 형제는 법적 상속자도 보호자도 아니었다. 부모님의 법적 위임장이 없이는 나에게 오빠의 죽음을 처리할 권한이 없었다.

사망신고는 1개월 이내에 하라는 사실 확인서 하단에 적힌 안내에 따라 부모님은 동사무소로 향했다. 부모님은 이로써 아들의 출생부터 사망을 자신의 손으로 직접 작성하게 되었다. "어떻게 오셨어요?"라는 담당 공무원의 질문에 엄마는 어떤 말을 꺼냈을까. 사망신고 하려고요, 라고 대답했을까 아니면 조용히 사망신고서를 내밀었을까? 아무것도 모르는 사람 앞에서 아직도 믿기지 않는 자식의 죽음을 내뱉어야 하는 순간을 엄마는 간단하게 남겼다.

신고하러 가기 전 다시 너의 유서를 보았다.
뭐라 말하기 힘든 가슴 아픔
담담히 서류 접수
아무런 말이 없는 아빠
3월 29일 금요일 12시 45분
사망신고

대한민국 국민

오산시 시민

흔적 남겨놓고 하늘나라로 가다

처리 시간 5분

엄마의 담담함은 어쩔 수 없는 상황에 맞닥뜨렸을 때 밀려오는 무력감과 허무함 혹은 좌절과 체념이 뒤섞인 끝에 겪는 마비 상태에 가까웠을 것이다.

서류를 접수한 지 5분, 오빠는 이제 존재하지 않게 되었다. 대한민국 국민이었던, 오산시 시민이었던 과거형 인간이 되었다. 사망신고 후 엄마는 말했다. 오빠를 그냥 당신 가슴에 담고 다닐 것 같다고.

천국에서 훨훨 신나게 여행하고 있어.

먼 훗날에 만나면 너는 스물아홉 살의 팔팔한 청춘일 텐데 엄마는 어떤 모습일까?

너무 초라하게 늙어 네가 못 알아보지 않도록 예쁘게 늙을 수 있도록 노력해야겠다.

그게 내가 너한테 할 수 있는 예의인 것 같다.

나중에 천국에서 만나자.

아직도 네가

여행지에서 오빠의 부고를 듣고 귀국하기까지 엄마는 말이 없었다. 고요한 마비였다. 간혹 한숨 쉬듯 혼잣말을 했다. "왜 갔을까?" 오빠가 죽고 나서부터 시작된 이 질문은 멈추지 않고 계속 이어졌다. 엄마뿐만 아니라 아빠와 나, 남겨진 우리 모두에게.

왜 그랬을까?
왜 갔을까?

답을 찾지 못하고 있다.
쉽게 답을 찾을 것 같지 않다.
세월이 가면 찾아질까?
나중에 천국에 가면 알게 될까?
문득 생각나면 그립고 애석하고 염치없고
미안하고 슬프고…

언젠가는 이유를 알겠지.

때로 왜 그랬는지 이유를 알게 되는 것만으로도 감정이 해소될 때가 있다. 이번에도 그럴까? 오빠가 세상을 등진 이유를 알게 된다면 지금의 괴로움이 덜어질까? 아닐 수도 있다. 그런데도 나는 오빠가 왜 죽었는지, 왜 그런 선택을 했는지 알고 싶은 마음이 간절했다. 모호했던 현실이 명확해지는 것만으로도 고통이 줄어들 거라는 기대감 혹은 진실을 알고자 하는 인간 본성일 수 있다. 어느 쪽이든 우리 가족은 응당 그래야 하는 것처럼 오빠가 떠난 이유를 물었다. 그리고 저마다 각자의 답을 찾아갔다.

답을 찾아가는 과정은 결코 쉽지 않았다. 무엇보다 왜라는 질문은 질기고도 잔인했다. 한번 떠오르면 떨쳐내려 해도 떨쳐지지 않았다. 거머리처럼 지독하리만치 찰싹 달라붙어 나의 온 기운과 에너지를 갉아먹었다. 아무리 멈추려 해도 그때뿐이었다. 엄마도 엄마 나름으로 그 고통에서 벗어나고 싶어 더욱더 답을 찾아 헤맸다.

다시 한번 생각해본다.
왜 갔을까?

전지전능하신 그분을 향해 묻는다.
모든 짐 내려놓지 못하니 강제로 내려놓게 하심.
너무 순수해서 미리 데려가심.
이 전쟁 같은 세상에선 오래 사는 것도 복이지만 먼저 가는 것도 복이다.

이게 네가 간 이유라고 생각하는데,
너는 어떻게 생각하니?
내가 너무 자의적으로 생각한 거니?
이렇게 생각해야 위로가 되는데.

자살은 개인의 선택을 넘어 사회적 타살이라는 나의 생각과는 다르게, 엄마는 아들의 죽음을 전지전능하신 그분, 신의 계획으로 보았다. 신이 사랑하는 나의 아들을 데리고 갔다고 엄마는 믿었다. 고통스럽고 믿기지 않는 이 상황 역시 신의 의도라고 믿었다. 그 믿음 안에서 '왜 갔을까?'라는 질문은 '왜 데려갔을까?'로 바뀌어 있었다.

오늘은 선교 수업을 들으러 갔다.
한국 교회사를 듣는데 토마스 선교사는 27세에 조선 땅에서 성경을 팔며 전도하러 다니다 순교했고, 다른 선교사들도 28~34세 사이에 2~3년간 선교하다가 다 순교해서 지금은 양화진에 묻혀 있는데 무려 2,700명이 넘는다고 하더라. 그분들의 희생이 있어 우리가 편안히 신앙생활 하고 있다.
근데 그 젊은 선교사들을 보면서 너의 죽음이 클로즈업되는 것은 무슨 의미일까?
앞으로 어떻게 전개될지는 모르지만,

인도되는 대로 가볼 예정이야.

4월 17일은 제일 힘든 하루였다.
틈난 나면 네 생각이 나서 참 많이 운 하루였다.
새벽 시간에 네가 왜 갔을까에 대한 답을 받았는
데, 누구의 죄도 아닌 하나님 아버지의 영광을 위
함이라고 했다. 그래서 더 진실하게 믿어야겠다
고, 더 예쁘게 믿어야겠다고 결심한다.

엄마는 젊은 순교자의 죽음과 오빠의 죽음을 겹쳐
보았고, 지금 당신이 여기에 있는 것 역시 신이 인도하신
덕분이라 여겼다. 내가 과로사 관련 자료를 살펴보고 자
살 유가족 모임에 참석하면서 오빠의 죽음을 사회 속에
서 자세히 들여다보는 동안 엄마는 그렇게 신앙 안에서
죽음의 이유에 대한 답을 찾아갔다. 신앙과 선교 활동에
몰입하는 엄마를 보면서 나는 안심했다. 방식이 다를 뿐,
우리 모두 답을 찾아가고 있었다. 사랑하는 사람이 먼저
떠나간 이유는 무엇인지, 남겨진 자로서 이 죽음을 어떻
게 받아들일지를 말이다.

미안하다

모든 게 그립다.
삶을 바라보는 시각도 많이 달라질 것 같다.

오빠가 떠나고 엄마는 직감했다. 삶을 바라보는 시각이
많이 달라질 것 같다고. 엄마의 시각은 어떻게 달라졌을
까?

오빠의 죽음은 엄마로 하여금 당신이 살아온 과거
를 돌아보게 만들었고 그렇게나 중요하게 여기며 집착
하던 대상이 사실은 중요하지 않다는 것을 깨닫게 했다.
그중 하나가 돈이었다. 아들의 생애와 겹쳐 당신의 30년
세월을 돌아보니 '세상 것'으로 채워보려 아등바등 돈에
집착하며 허우적대던 모습이 도드라져 보였다. 엄마는
생각했다. 그렇게 허우적댄 결과는 무엇인가? 결국 아들
을 보낸 것 아닌가?

네가 갔다고 했을 때
네가 스스로 무거운 짐을 벗었구나 했다.
그렇게 너에 대한 내 짐도 벗어지는 느낌이었다.
너에 대한 마음이 항상 미안하고
너 앞에서는 죄인 같은 기분이었어.

잘해주지 못해서 아주 많이 미안하다.
나는 참 게으르고 이기적이고,
나밖에 모르는 사람이었지.
내가 그래서 네가 고생도 많이 하고
잘 못 먹여서 미안하고
옷 한 벌도 제대로 못 사주고
네가 스스로 사 입게 했네.

생각할수록 나쁜 엄마였다.
근데 너는 더할 나위 없는 아들이었고
그래서 힘들어서 먼저 갔나 하고 또 미안하다.
이 원통한 맘을 어찌할까.
좀 더 잘 살아볼게 이제는.

미안하다.

"미안하다." 엄마가 오빠에게 보내는 편지에서 가장 많이 보이는 문장. 엄마가 아들을 향해 가장 많이 읊조린 말. 엄마는 무엇이 그리 미안했던 걸까.

안정적인 직장을 다니지 않아 경제적으로 불안정한 아빠를 두고 엄마는 악착같이 일했다. 아침 일찍 출근하고 밤 10시가 되어 퇴근하고 나서도 쉬지 못했다. 늦은 밤에도 저녁상을 차려주고서야 쉴 수 있었다. 생계, 집안일, 자녀 교육 모두 엄마 몫이었다. 이 모든 걸 혼자 해내기가 버거웠을 텐데 엄마는 꿋꿋이 버텼다. 그렇게 자신은 내려놓고 직장인과 엄마로서만 살았다. 엄마는 우리가 성인이 되어 조금씩 자리를 잡아가기까지 자신을 위해서는 돈이든 시간이든 조금도 투자할 여유가 없었다.

내가 열세 살이던 어느 겨울날, 엄마가 새빨간 코트를 사 왔다. 학교 앞 옷가게에서 '특가 세일'로 저렴하게 내놓은 코트였다. 그로부터 한참 뒤에 엄마가 불현듯 그때 이야기를 툭 끄집어냈다.

"네가 6학년 때 엄마가 빨간색 코트를 사줬잖아. 가게 안에 더 예쁜 옷들도 많았는데 비싸서 못 사줬어."

몇만 원 차이로 더 좋은 옷을 사주지 못한 안타까움을 엄마는 세월이 꽤 흐른 뒤에도 잊지 못하고 있었다. 나는 그때 새옷이 생겼다고 좋아했던 것 같은데. 자식에게 더 좋은 옷을 입히고 더 잘 챙겨주지 못한 것을 두고두고 미안해했다.

같은 부모에게서 태어났어도 자식들은 모두 제각각 다른 인격체로 성장한다. 두 살 터울인데도 오빠는 나와 지극히 달랐다. 어려운 집안 사정에도 최신 휴대폰을 사달라고 떼쓰는 나와 달리 오빠는 늘 부모님 지갑 사정을 걱정했다.

어렸을 적 아빠가 계란 장사를 한 적이 있다. 유정란을 식당에 납품하기도 하고 차에 싣고 다니며 팔기도 했다. 그 당시 나는 가난한 아빠가 부끄러웠다. 강풍이 불면 휙 하고 쓰러질 것 같은 낡은 다마스를 몰고 다니며 길거리에서 계란을 파는 아빠를 피해 다니기도 했다. 하지만 오빠는 아니었다. 주변 시선에 한창 예민한 청소년 시기에도 아빠를 도와 계란을 차에 싣는 일을 돕고 아빠를 대신해 차에 앉아 계란을 팔기도 했다. 오빠는 가난을 부끄러워하지 않았다. 어디서든 떳떳하게 일할 수 있는 것을 자랑스러워했다. 그런 오빠가 마지막 순간에는 자신을 부끄러워했다.

> 엄마,
> 좋은 아들이 못 돼서 미안해요.
> 좋은 엄마이자 아빠이자 강인한 여성상인 엄마
> 밑에서 제가 나와 부끄럽습니다.

오빠는 엄마의 자랑이었다. 엄마는 우리 남매를 키우면서 당신 스스로 사회 구성원으로서 제 몫을 다하려는 책임감 있는 어른의 본보기를 보였다. 오빠는 엄마가 추구하는 교육관에 부합하는, 타인과 사회를 생각하는 사람으로 참 잘 자라주었다. 엄마는 직업 특성상 자녀 교육 강의를 할 때가 있었는데, 그때마다 자연스레 우리 남매를 키우던 이야기를 꺼냈다. 나와 오빠가 어렸을 적부터 책을 좋아한 일, 고등학교는 물론 대학교 진학까지 스스로 결정하며 자기 주도적으로 성장해온 과정을 이야기했다. 엄마는 우리 남매 이야기를 하며 자부심을 느꼈을 것이다.

엄마는 오빠의 자랑이었다. 오빠가 바라보는 엄마는 강인했다. 오빠와 나는 엄마가 안팎으로 힘든 상황 속에서도 우리를 지키려고 억척같이 버텨온 과정을 곁에서 지켜보았다. 힘들수록 신앙과 일에 열중하며 일상을 건강하게 이겨내는 모습에서 엄마는 내면이 단단한 사람이라는 걸 어린 나이에도 느꼈다.

세상의 모든 엄마와 아들의 관계가 이렇지는 않을 것이다. 엄마와 오빠의 유대감과 신뢰는 어떻게 그렇게 두터울 수 있었을까.

오빠와 엄마는 함께 있을 때 서로를 자랑스러워하고 아낀 만큼, 헤어지고 나서 더욱 잘해주지 못한 것을 미안해했다. 떠나는 그 순간, 오빠의 마음을 가장 많이 붙잡은 것은 엄마였다.

다른 건 다 괜찮은데 엄마한테 너무 미안해.

유서를 쓰면서 오빠는 알고 있었던 것 같다. 지금의 선택으로 자신이 가장 존경하고 사랑하는 사람의 기대를 저버리게 될 것임을, 그 사람을 가장 아프게 할 것임을 말이다. 그럼에도, 오빠는 끝내 우리를 떠났다.

아쉽고 아프고 아리다

오빠가 떠나기 3개월 전, 어느 날 엄마에게 전화가 왔다.

"엄마, 나 너무 힘들어요."

오빠는 울며 말했다.

그 당시 오빠는 주말도 없이 매일같이 출근을 했다. 한 해를 마무리하고 연휴에 접어드는 연말연시의 여유는 오빠에게는 먼 이야기였다. 연이은 야근에 이미 몸은 망가질 대로 망가져 있었다. 허리 통증과 발기부전 등 몸에 나타난 이상 신호로 여러 차례 병원을 오갔지만 의학적으로는 별다른 이상이 없었고, 스트레스나 심리적 요인인 것 같다는 진단만 받았다.

"많이… 힘들어?"

"퇴사하고 싶어요…."

"그래, 그만두자. 하지만 이번에 맡은 프로젝트만 마무리하고 그만두는 게 어떨까. 엄마도 예전에 맡은 일을 제대로 끝마치지 않고 회사를 나오니 힘들더라. 자꾸 책임을 다하지 못한 것만 같고, 그 생각에 괴로워서 쉬어도 쉬는 것 같지 않았어…."

한 직장에서 15년을 근속한 엄마는 오빠에게 어머니인 동시에 사회 선배였다. 엄마는 맡은 바 책임을 못하면 자책하는 오빠 성격을 잘 알기에 그렇게 충고했다.

다음 달까지만 일하자고, 담당 프로젝트만 끝내고 쉬자
고. 그때 엄마는 꿈에도 상상하지 못했을 것이다. 아들이
정말 죽고 싶을 정도로 힘들었다고, 그리고 정말로 죽을
것이라고 말이다.

네가 힘들다고 했을 때
당장 때려치우라고 했어야 했어.
일이 뭐라고…
지금이야 이런 생각을 하고 있지만
그때는 꿈에도 이런 생각을 못 했으니.

다 지난 일인데 후회한들 뭐가 달라지나.
그래도 참 엄마가 무지했다.
그래서 네가 그런 결단을 하고 간 거겠지.
아쉽고 아프고 아리다.

엄마뿐만이 아니다. 우리 가족 누구도 상상해본 적
없는 일이었다. 오빠는 평소 충동적인 성격도 아니었고
우울증을 앓았던 적도 없다. 스스로 목숨을 끊는 사람들
의 소식을 접할 때면 자신은 죽을 용기가 없어서 죽지 못
할 거라고 말하던 사람이었다. 가족이 봐도, 당사자가 생
각해도 스스로 목숨을 끊을 수 있는 사람이 아니었다. 우
리는 그렇게 믿었다. 하지만 모두의 예상이 빗나갔다.

엄마는 후회하고 또 후회했다. 자신의 무지함과 무심함을 탓했고, 회사를 관두고 싶어 할 때 당장 때려치우고 나오라며 강하게 밀어붙이지 못한 것을 탓했다. 정말 우리가 놓친 걸까? 3개월 전에 오빠가 바로 퇴사를 했다면, 혹은 오빠가 힘들다고 할 때 우리가 다르게 반응하고 적절하게 대응했다면 지금과 다른 결말을 맞이했을까? 그럴지도 모른다. 많은 전문가의 말처럼 조금 더 경각심을 가지고 바라보고 적극적으로 도왔다면 우린 다른 결말을 맞이했을지 모른다.

　　하지만 후회해도 소용없다. 이미 돌이킬 수 없는 일이 일어났다. 살아남은 우리는 계속 묻는다. 그때 내가 그랬더라면 너를 살릴 수 있지 않았을까. 살릴 수 있었을지 모른다는 가능성, 살리고 싶다는 간절한 바람이 남겨진 우리를 괴롭힌다. 죽음의 책임을 묻는 화살로 돌아와 박힌다.

너였다면

오빠는 빚을 지거나 타인에게 피해를 주는 행동을 극도로 싫어했다. 스스로 주의하는 것은 물론이고 남들의 그런 행동도 두고 보지 못하고 스트레스를 받곤 했다. 어린 시절 내가 도서관 책 반납을 연체한 것을 알게 된 날, 오빠는 나에게 지나칠 만큼 잔소리를 퍼부었다. 개인적인 약속이 아니라도 누군가는 피해를 볼 수 있다면서 말이다. 어른이 되어서는 특히 경제적인 부분에서 자기 관리가 철저했다. 공과금이나 세금을 연체하는 일 한번 없이 세심하게 신경 썼고, 자신의 소득 수준 안에서 알뜰하게 소비하고 저축하면서 규모 있게 생활을 꾸려갔다.

그런 오빠가 대출을 받은 사실을 뒤늦게 알게 되었다. 기숙사 생활을 벗어나 자립하려는 계획으로 아파트를 구입한 것이었다. 장례식장에서 이 소식을 들은 친척 어른이 말했다.

"사망했으면 대출금 안 갚아도 돼. 자동 소멸될 거야."

나는 솔깃한 마음에 엄마에게 물었다.

"엄마, 오빠 대출금 진짜 안 갚아도 돼?"

엄마는 단호하게 말했다.

"오빠는 그런 사람 아니다. 자기가 낸 빚은 어떤 상

황에서도 한 톨 남김없이 깔끔하게 갚았을 거야."

엄마는 장례를 치르자마자 오빠가 받은 대출을 가장 먼저 갚았다.

남겨진 우리는 오빠의 빈자리를 채워야 하거나 흔적을 처리해야 하는 순간들을 마주했다. 그 순간마다 엄마는 오빠의 삶의 기준과 방식을 떠올렸다. 내 아들은 어떤 사람인가, 아들이라면 이 순간에 어떻게 행동했을까를 상상하고 그대로 따랐다. 떠난 사람이 살아온 방식을 기억하고 추억하기. 그리고 가능하다면 그의 방식대로 그의 삶을 마무리 짓기. 이것은 살아생전 아들의 삶을 존중하고 명예를 지켜주고픈 엄마의 진심이자 노력이었다.

장례를 치르고 오빠 앞으로 우편물이 도착했다. 비영리단체 '세이브더칠드런'에서 정기 후원자들에게 매월 보내는 소식지였다.

오늘은 세이브더칠드런에서 네가 후원했던 친구 모투마하고 이별하고 새로운 친구 테디를 후원한다고 우편물이 왔다. 모투마 마을이 자립이 돼서 이제는 다른 마을을 후원하나 보다. 그동안 애썼다. 모투마도 멋지게 컸더라, 네 덕분에.

오빠는 여러 비영리 국제기구들에 정기 후원을 해 오고 있었다. 오빠가 떠나고 생긴 후원자의 공백을 엄마가 채웠다. 오빠가 살아 있었다면 능력이 되는 한 정기 후원을 멈추지 않았으리란 사실을 엄마는 알았을 것이다.

겁이 난다

"오빠 회사에서 연락이 왔어. 오빠가 일하던 사무실도 볼 겸, 회사 임원이 만나고 싶다고 하네."

회사에서 연락을 받은 날, 엄마는 평소와 같은 덤덤한 말투로 나에게 소식을 전했다.

나는 불안해졌다. 오빠가 죽음을 선택하게 된 데에는 회사의 강도 높은 업무에 상당히 큰 책임이 있다고 생각했기 때문이다. 그래서 사측과의 만남을 앞두고 가해 용의자를 마주하듯 겁에 질렸다. 노동자의 권리를 무참히 짓밟는 대기업의 횡포를 다룬 기사들이 떠올랐다. 오빠의 죽음에 대해 아무런 잘못이 없다는 듯 책임을 회피하며 방어적으로 나오는 모습이 머릿속에 그려졌다. 분명 회사 입장에서는 오빠의 죽음을 공론화하기를 꺼릴 테고, 회사 이미지에 해가 되는 소송 등에 휘말리지 않으려고 전문가를 동원해 도리어 공격적으로 나올 것이라는 두려움은 점차 확신으로 굳어졌다.

그들은 어떻게 나올까? 자신들은 전혀 잘못이 없다며 무례한 태도로 우리 가족을 대하면 어떡하지? 첫 만남에 위로금을 들이밀며 서둘러 일을 덮으려 들지는 않을까?

나의 두려움은 무지함에서 비롯된 것이었다. 회사원으로서의 오빠에 대해 아는 바가 전혀 없었다. 그리고 우리와 같은 일을 당했을 때 누구에게 어떤 것을 묻고 살피고 따져봐야 하는지도 알지 못했다. 고작해야 기사나 드라마에서 봤던 장면이 떠오르면서, 아무것도 모르는 우리 가족이 사측이 마련한 위압적이고 딱딱한 협상 테이블에 앉아 힘없이 무너질까 봐 두려웠다.

> 아들,
> 회사에서 내일 만나자고 연락이 왔다.
> 어떻게 마무리할지 겁이 난다.
> 사측에서 너의 고충을 알아주지 못하면
> 엄마는 무지 가슴이 아플 것 같다.
> 네 고충을 충분히 알아주고 동료들에 대한
> 처우를 조금이라도 개선한다면 위로가 되겠지만.
> 사실 내일이 겁난다.
> 잘 마무리되도록 기도할게.

엄마의 두려움은 나의 두려움과는 다른 종류의 것이었다. 엄마는 그간 아들이 들인 노고와 수고를 회사가 알아주지 않을까 봐 걱정했다. 사랑하는 아들이 매일 밤낮으로 일한 시간과 에너지, 그 수고를 알아주지 않을 것 같은 염려이자 분노이자 좌절감 같은 것이었다. 엄마는 아들의 회사에 가서 책임을 따져 묻기보다 아들의 명예를 인정받고 싶어 했다.

사측과의 만남 이후 시간이 한참 지나고 나서야 엄마는 그날의 일을 이야기했다.

"만약 사측에서 무례하게 나온다면 소복 입고 회사 앞으로 찾아가려고 했어. 일인 시위라도 할 생각이었어."

이제 다 지나간 일이라는 듯 대수롭지 않게 말했지만, 나는 그 마음이 결코 가벼운 것이 아니었음을 안다. 엄마는 그날 그 자리에 떨리는 마음으로, 그러나 당당하게 나갔다. 아들이 죽었다는 사실 때문에 그의 삶이 함부로 왜곡되지 않았으면 하는 간절함으로.

억지로 잊지 않을게

하루하루 그냥 단순히 지내고 있다.

아무 생각 없이 먹고, 졸리면 자고,

눈 뜨면 스마트폰으로 성경 읽고,

문득 네 생각이 나면 네가 가기 전에

어떤 생각을 하고 살았는지

네 휴대폰을 살펴본다.

네가 프라모델 조립하면서 행복해하는 모습을

보면서 엄마도 잠시 즐거웠다.

오늘도 너 없는 소소한 일상으로 하루를 끝낸다.

잘 자고 잘 쉬어 ♡

엄마는 그리울 때마다 오빠의 휴대폰을 뒤적였다. 휴대폰은 오빠를 가장 입체적으로 만나고 그릴 수 있는 통로였다. 카톡에는 짧고 비관적인 오빠의 말투가 고스란히 담겨 있었고, 즐겨찾기 페이지에는 오빠 취향의 맛집 정보가 쌓여 있었다.

오빠가 귀하디귀한 주말을 몽땅 쏟을 만큼 좋아하는 취미생활이 두 가지 있었는데, 바로 프라모델 조립과 애니메이션 더빙이었다. 휴대폰 사진첩은 온갖 피규어 사진으로 가득했고, 성우 학원까지 다니며 더빙 연습을 한 작업물들은 동영상으로 남아 있었다. 우리는 휴대폰에 남은 오빠의 얼굴, 목소리, 취향, 말투, 고민 등을 더듬어가며 곁에 있을 때보다 오히려 더 자세히 오빠를 들여다보게 되었다.

행복해하는 오빠의 얼굴을 엄마는 어떤 표정으로 바라보았을까. 아들이 행복해하는 모습이 너무 생생한 만큼 아들이 이 세상에 더 이상 존재하지 않는다는 현실이 더욱 잔혹하고 날카롭게 다가오지 않았을까. 하지만 엄마는 아들의 사진첩과 유서를 서랍 속에 넣지 않았다. 곁에 두고 자주 꺼내 보았다.

억지로 잊지 않을게.
맘이 아프지만 그래도 간직해야지.
가끔 네 목소리 나오는 비디오도 보고
곰돌이랑 찍은 네 사진도 보고.

『좋은 이별』에서 김형경 작가는 말했다. 좋은 이별을 위해서는 그리움과 함께 살아가야 한다고. 떠난 사람을 찾아다닐 게 아니라 내면에 이는 그리움의 감정을 잘 지켜보고, 그리움을 내면에 간직한 채 일과를 꾸려가야 한다고. 그리움과 함께 밥 먹고, 그리움 곁에 누워 잠들고, 그리움을 업고 산책해야 한다고.

엄마에게 그리움과 함께 살아간다는 것은 억지로 잊지 않는다는 것, 그리워하는 마음에 솔직하게 반응하는 것, 보고 싶을 때면 아들의 목소리를 듣고 사진을 보고, 아들이 남긴 메시지와 일기장을 다시 들춰보며 기억하고 추억하는 것을 의미했다. 엄마는 그리움과 함께 살아가기를 선택했다.

장례가 끝나고 두어 달이 지난 5월의 어느 날, 엄마와 함께 오빠를 떠나보낸 바닷가로 향했다. 유언대로 화장을 하고 유골을 바닷가에 뿌려주던 날은 아빠 홀로 그 길을 나섰었다. 주변의 만류로 나와 엄마는 가지 않았던 길을 이번엔 엄마와 나 둘이서 떠났다.

장례식장에서 이모들은 신신당부했었다. 자식 떠나보낸 곳을 어미가 알면 안 된다고, 언제라도 정신을 잃고 바닷가로 찾아가 아들을 따라갈지 모른다고. 그 말은 내 머릿속에 단단히 박혀서 문득문득 홀린 듯 바닷가로 빨려 들어가는 엄마의 뒷모습이 상상됐다.

따스한 봄 햇살에도 마음이 스산해져 곁눈질로 엄마의 상태를 살폈다. 정말 괜찮을까. 엄마는 평소와 크게 다르지 않았다. 침울하지도 그렇다고 밝지도 않은 상태로 운전대를 잡았다.

고속도로를 타기 전 아빠가 예약했다는 꽃집에 찾아갔다. 미리 주문해둔 국화를 달라고 하려는데 엄마가 내 말을 가로채며 말했다.

"장미 주세요. 예쁘고 환한 걸로."

장미? 국화가 아닌 장미에 의아해하는 나에게 엄마

가 나지막이 말했다.

"흰 꽃은 싫어. 그러면 정말 보내줘야 할 것 같잖아…."

엄마는 울음을 삼키듯 말꼬리를 흐렸다.

한참 만에 목적지에 도착했다. 봄 햇살에 바닷가는 따스했고, 파도 소리와 사람들 소리가 적당히 뒤섞여 명랑한 분위기까지 감돌았다. 차에서 내려 엄마와 나는 각자 해변을 걸었다. 밝은 곳에서 우는 모습을 들키고 싶지 않아 멀찍이 걸어가는 나를 엄마는 굳이 붙잡지 않았다. 각자의 슬픔을 달래느라 서로를 살필 겨를이 없었다. 내가 홀로 오빠를 떠올리며 그에게 말을 건네는 동안, 엄마는 무얼 하고 있었을까.

우리 아들,
어제는 너를 보낸 바닷가에 갔다.
여행 잘하고 있니.
외롭지는 않겠더라.
풍경이 좋고 주변에 조개 캐는 여행객과
주민들이 썰물 때마다 많이 있어서
아늑해서 그나마 다행이었다.
이것도 내 생각이지.
암튼 뿌린 곳이 내 맘에 들어서 다행이다.

오빠를 보낸 곳에서 엄마와 나는 입을 닫았다. 엄마도 내게 말을 건네지 않고 나 역시 필요한 말을 제외하곤 굳이 먼저 말을 꺼내지 않았다. 말을 꺼내는 동시에 주체할 수 없이 울음이 쏟아질까 봐 두려웠다.

"따뜻해서, 스산하지 않아서 다행이야"

"사람들이 적당히 오가네. 여행하기 딱 좋은 곳 같아."

돌아오는 길에 엄마와 나눈 짧은 대화가 나에게 조그만 위로가 되었다. 죽어서라도 여행을 하고 싶다던 오빠의 마지막 소원을 이뤄준 기분이었다.

서른 번째 생일

오빠 생일이 돌아왔다. 장례 후 맞이하는 첫 생일이자 오빠의 서른 번째 생일이었다. 우리 세 식구가 처음으로 함께 서해로 향했다. 오빠를 흘려보낸 그 바닷가로. 오빠에게 처음 찾아갔던 날과 마찬가지로 엄마는 국화 대신 장미 한 다발을 샀다. 국화꽃을 뿌리면 진짜 아들을 보내야만 할 것 같다는 엄마의 마음은 언제까지 계속될까.

아빠는 익숙하게 주차를 마쳤다. 부모님과 나, 모두 말없이 차에서 내려 뚜벅뚜벅 바닷가를 향해 걸었다. 꽃다발 포장지가 부스럭거리는 소리와 모래사장에 발이 푹푹 빠지는 소리 그리고 파도 소리만이 들려왔다. 장난기 많은 아빠지만 그 순간만큼은 농담 한마디 건네지 않았다. 우리는 서로에게서 멀찍이 떨어져 소중한 한 사람을 각자의 방식으로 떠올리며 바다를 향해 걸었다.

아들,
오늘이 네 생일이다. 네 서른 번째 생일.
미역국도 준비할 일이 없어졌네.
너를 보러 바닷가에 다녀왔다.
흰 국화꽃이 싫어서 장미꽃을 뿌렸는데 봤니?
파도에 밀려서 다시 돌아오고

또 밀려갔다 다시 돌아오는 걸 보며
너도 떠나기 싫었는데
억지로 갔나 하는 생각을 했다.

지금은 어떻게 지내니?
잘 있다고 꿈에라도 보여주지.
엄마한테 섭섭한 게 많아서 안 보여주지?

미안하고 또 미안하다.
시간이 흐를수록 더 미안한 것밖에 없네.
정말 미안하다.
귀하게 태어난 아들인데 못 지켜줘서.

아무도 없는

3부

나는 강해

"밖에 나가서 노랑머리 사장 아냐고 물어봐라. 동네 사람들 다 알지."

　노랑머리 사장, 우리 아빠다. 한국 사회에서 샛노란 탈색 머리 중년 남성이 어디 흔한가. 외모부터 튀는 그는 보편적인 아버지상과 거리가 멀었다. <나는 자연인이다>나 <여행생활자 집시맨> 같은 TV 프로그램에나 나올 법한, 홀로 자연 속에 살거나 거침없이 전국을 누비는 자유로운 영혼에 가까웠다.

　아빠는 어렸을 적 부모님이 이혼한 뒤 친척집을 전전하며 살았다. 안정적인 사랑과 관심을 주는 어른이 부재했고 집은 가난했고 몸은 왜소했다. 그렇다고 공부를 특출나게 잘하거나 뛰어난 재능이 있는 것도 아니었다. 아빠는 혼자서 스스로를 돌보며 성장해야 했다. 그럼에도 아빠는 자신의 힘을 믿었다. "나는 강해." 아빠가 밥 먹듯 하는 말이다. 아빠는 누구에게도 밀리지 않을 만큼 힘이 세고, 그 어떤 어려움도 이겨낼 수 있을 만큼 정신력도 강하다고 스스로 믿었다. 근거 없는 자신감은 아니었다. 가진 것 없던 학창 시절과 청년 시기에 아빠는 자신을 무시한다 싶으면 상대가 누구든 거침없이 덤볐다.

자격지심과 열등감, 자신을 보호하려는 본능이 뒤엉킨 분노를 억누르지 않고 분출했다. 정말 힘이 셌는지 싸움의 기술이 좋았는지 아니면 특유의 앞뒤 안 가리고 덤비는 무모함과 맷집이 먹혀들었는지, 아무튼 힘으로 우열을 가리는 남성 사회에서 아빠의 전략은 어느 정도 유효했던 듯하다. 말보다 주먹이 먼저인 아빠를 주변에서도 쉽사리 건드리지 못했다.

여러 직업을 전전하던 아빠는 몇 년 전부터 철거 사업을 시작했다. 여기저기 찢어지고 해진 낡은 작업복에 흙먼지를 뒤집어쓴 공구를 싣고 트럭을 몰았다. 하지만 아빠는 자신의 행색에 개의치 않았다. 규율과 형식을 따라야 하는 직장생활을 참지 못했던 아빠는 그 누구의 간섭과 잔소리도 듣지 않고 자유롭게 일하는 데서 큰 만족감을 얻었다. 아빠는 타고나길 야생동물 같은 사람이었다.

양복 입은 회사원을 동경하던 어린 시절엔 작업복을 입은 아빠가 창피했으나 어느 순간부터 아빠를 이해하게 되었다. 그래, 자기답게 살면 됐지, 스스로 행복하면 됐지. 나답게 살고 싶다는 욕망이 내게 중요한 삶의 기준이 되자, 아빠를 향한 시선도 조금씩 관대해지기 시작했다.

하지만 절대 관대해질 수도, 도무지 이해할 수도 없는 부분이 있다. 바로 흡연 문제다. 여럿이 함께 사는 아파트에서 실내 금연은 당연한 거 아닌가. 하지만 꿋꿋이 집에서 담배 피우는 사람이 우리 아빠다. 처음에는 내가 죽겠어서 잔소리를 해댔다.

"제발 좀 나가서 피워! 담배 냄새 정말 힘들다고!"

하지만 아빠는 대꾸조차 하지 않았다. 그러던 어느 날 승강기에 이런 쪽지가 붙었다.

"매일같이 환풍기를 타고 담배 냄새가 들어와요. 임산부인 아내가 너무 힘들어해요. 제발 담배 좀 피우지 말아주세요."

이웃들로부터 민원이 들어온 것이다. 그날부터 호소 전략을 바꿨다. 이웃에 피해를 주니 제발 나가서 피우라고 설득했다. 안 통했다. 다시 이전처럼 고래고래 소리지르고 화도 내보았다. 하지만 소용없었다. 몇 번 나가서 피우는 듯했지만, 이내 환풍기 앞에서 담배를 물고 있는 아빠를 발견했다. 이토록 생활 매너가 부족한 아빠를 어떻게 이해해야 할까. 담배를 끊으라고 한 것도 아니고 나가서 피우라는데 이렇게 간단한 매너조차 지키지 않는 건 무슨 심보일까. 공감 능력이 부족한 걸까, 그냥 이기적인 걸까.

예전에 명절을 맞아 아빠와 단둘이 시골에 간 적이 있다. 당시 아빠는 새빨간 스포츠카를 몰고 있었다. 평소 과속과 난폭 운전을 즐기는 것을 알기에 출발 전부터 불안했지만 면허도 없는 나로서는 별수가 없었다. 고속도로에 도착하자 아빠가 액셀을 점점 더 세게 밟기 시작했다. 금세 계기판 속도가 2백 킬로미터를 넘었다. 아빠는 감속도 깜빡이도 잊은 채 미꾸라지처럼 아슬아슬 차선을 넘나들었다. 중심을 잃은 내 머리는 창문을 이리저리 박으면서 휘청거렸다. 공포가 차오르며 살고 싶다는 마음만이 간절했다. 창 손잡이를 붙잡은 채 제발 속도를 줄이라고 소리쳐도 소용없었다. 오히려 아빠는 나를 겁쟁이라고 놀리며 속도를 더 올렸다.

아빠는 하고 싶은 대로 날뛰는 철부지 같았다. 함께 살아가는 법을 충분히 배우고 익히지 못해 남을 배려할 줄 모르는 사람. 자유를 누리기 위해선 상대에 대한 배려와 양보, 책임이 동반한다는 것을 모르는 듯 행동했다. 아빠는 내 인생에서 가장 이해할 수 없는 사람, 가장 고쳐질 것 같지 않은 사람이었다.

우리 가족은 아빠를 포기하기 시작했다. 사람은 안 변해. 아니, 적어도 아빠는 안 변해. 그렇다 보니 집에서 아빠는 이방인이었다. 온 가족이 모여도 혼자 겉돌았다. 가족 채팅방에서도 아빠만 말이 없었고, 외식을 가거나 영화를 보러 가도 아빠 없이 엄마, 오빠, 나 이렇게 셋만 가곤 했다. 일방적으로 소외시켰다기보다 서로가 서로를 거부했달까. 아빠를 마주하기만 하면 반갑고 좋기는커녕 잔소리와 불만, 짜증이 먼저 나오니 차라리 피하는 게 나았다. 도대체 언제, 어디서부터 잘못된 걸까.

어렸을 적부터 아빠는 무시해도 되는 만만한 존재

였다. 초등학교에 입학하는 순간부터 나는 빠르게 알아챘다. 우리 집이 가난하다는 것을, 부모님의 직업과 월급은 자랑하기보다 무시당하기 쉽다는 것을. 등굣길에 깔끔한 중형 세단에서 내리는 아이들이 부러웠다. 나는 아빠가 몰고 다니는 다마스가 부끄러워 혹여 같은 반 친구가 볼까 교문에서 멀찍이 떨어져 내리곤 했다. 나는 나의 가난이 부끄러웠다. 우리가 가난한 건 아빠의 무능함 혹은 무책임 때문이라 생각했고, 세상이 가난을 무시하듯 나도 아빠를 무시하고 부끄러워했다.

내가 성인이 된 후에도 가족 안에서 아빠의 위치는 크게 변하지 않았다. 아빠는 무책임한 사람이라는, 오랜 시간 쌓인 불신이 우리 사이에 있었다. 어느 날 아빠는 한마디 상의도 없이 강아지를 분양받아 왔고, 결국 강아지는 아빠가 아닌 엄마와 내가 돌보게 되었다. 그런 식이었다. 혼자 결정, 실행, 통보. 결국 뒷감당은 아빠가 아닌 다른 식구들의 몫이었다. 아빠 명의로 쌓인 빚 역시 마찬가지였다. 범칙금과 체납된 세금 등 수많은 고지서가 쌓였고, 빌린 돈을 받으러 사람들이 집까지 찾아왔다. 오랫동안 엄마 홀로 감당해온 아빠의 빚은 나와 오빠가 사회생활을 시작하자 우리도 함께 나눠 짊어져야 할 짐이 되었다.

몇 년 전 건강보험공단에서 오빠 앞으로 고지서가 날아온 적이 있다. 가족 건강보험료는 이미 몇 년 치가 장기 체납된 상태였고, 가족 연대 책임으로 오빠 통장을 압류한다는 고지서였다. 오빠는 그날 적금을 깨 가족 대표인 아빠를 대신해 천만 원이 넘는 채무를 갚았다. 그날부터 오빠는 아빠와 말을 하지 않았다. 미안하다는 말 한마디 없는 아빠에게 전에 없이 격하게 분노했다. 가족 모임에도 잘 나오지 않았다.

아빠에게 우리는 어떤 의미였을까? 각자 인생, 각자 사는 거라는 아빠의 입버릇처럼, 아빠에게 가족은 있으나 마나 한 존재였을까? 하지만 왠지 모르게 아빠는 외로워 보였다. 집에서도 환영받지 못하는 아빠를 밖에서라고 환영해줄 리 없다. 사회적 지위도 돈도 교양도 없는 중년 남성을 받아줄 곳이 얼마나 있을까. 한편으론 아빠가 불쌍하고 안쓰러우면서도 대화 안 되는 고집불통을 받아줄 인내심은 나에게도 없었다.

내 탓이다

결코 변하지 않으리라 생각했던 아빠가 아들을 보내고
변하기 시작했다. 오빠의 유골을 바다에 뿌리고 온 날,
아빠는 자신을 탓했다.

"나보고 정신 차리라고 하나님께서 아들을 제물로
데리고 가셨어."

신으로부터 아들을 제물로 바치라는 시험을 받은
아브라함처럼 아빠도 당신의 죗값을 아들이 대신했다고
생각한 걸까?

가까운 이의 죽음은 인생을 돌아보게 만든다. 오빠
가 스스로 목숨을 끊었다는 것에서 우리 가족은 각자 자
신의 책임을 생각했다. 모든 것이 마냥 내 탓 같았다. 탓,
잔인하리만큼 처절하게 가슴에 꽂히는 그 죄책감이 누
구보다 아빠를 가장 많이 변화시켰다.

순종적이지 않던 아빠가 순종적으로 변했다. 꼬박
꼬박 교회에 출석하기 시작했고, 직장생활부터 가정생
활까지 모두 엄마에게 맞추기 시작했다. 남 밑에서 일하
기 싫어하던 아빠는 엄마와 함께 일하기 위해 주차원 일
자리도 마다하지 않았다. 바깥으로 나돌던 성향도 눈에
띄게 줄었다. 자기가 눈에 안 보이면 엄마가 걱정한다며,

일이 끝나면 곧장 집으로 돌아와 거실을 지켰다.

오빠를 잃고서야 아빠는 가족을 향했다. 사랑하는 아내를 지키는 것, 아내가 하고 싶은 일을 할 수 있도록 뒷바라지하는 것을 사는 이유이자 유일한 사명으로 여기는 것 같았다. 다시는 소중한 것을 잃고 싶지 않다는 뼈저린 경각심 때문이었을까? 함께 힘을 합쳐 이 어려움을 견뎌내야 한다는 통렬한 각성 때문이었을까?

발인을 하고 한 달 반이 지났다. 아빠가 갑자기 함께 쇼핑하자며 나를 불렀다. 빠르게 쇼핑을 마치고 삼겹살을 먹으러 근처 식당에 들렀다. 삼겹살에 소주 잔을 기울이던 아빠는 취기가 한껏 오르자 벌건 얼굴로 말했다.

"딸. 딸이랑 하고 싶은 말이 있어. 아빤 옷 필요 없어. 대화가 필요해. 대화하고 싶어서 오늘 쇼핑도 같이 온 거야."

같이 있겠다는 엄마를 기어코 집으로 보낸 이유가 있었다.

"아빠는 강해. 하지만 엄마는 약해. 아빠가 바라는 거는 엄마 지키는 거 하나뿐이야. 아빠의 역할은 엄마를 보호하는 거고."

아들을 잃고 아빠의 유일한 삶의 목표는 엄마가 되었다. 사랑하는 사람을 지키는 것이 아빠가 살아가는 유일한 이유였다.

"아빠도 5년 전에 죽고 싶어서 청평까지 갔었어. 아

빠도 너무 슬퍼. 하지만 많이 참아. 마음껏 울 수가 없어. 울 곳이 없어. 나중에 5년 뒤에 시골에 내려가면 펑펑 울 거야. 그땐 마음껏 울 거야."

엄마를 지켜야 한다는 책임감과 불안감에 아빠 역시 마음껏 울지 못하고 있었다. 아빠 눈물은 누가 받아주나. 어린 엄마가 걱정돼 차마 꺼낼 수 없는 말들. 늘 자기는 강하니까 괜찮다고만 말하던 아빠가 그날에서야 힘들다, 아프다 말할 용기를 냈다.

"아빠도 슬프면 엄마한테 이야기해."

"엄마는 안 돼."

"그럼 아빠는 누구한테 말해."

"딸. 그래서 이렇게 너한테 말하잖아. 근데 너도 걱정돼."

아빠가 나에게 기댄다. 이제 내가 아빠의 눈물을 받아주어야 하는 걸까.

"나는 강해. 내 걱정은 하지 마."

나는 아빠가 했던 말을 아빠에게 그대로 돌려줬다. '괜찮다, 나는 강하다'라고 자신하는 나의 생각 습관, 언어 습관은 아빠에게서 온 것일지도 모르겠다.

엄마, 아빠 그리고 나 모두 여리고 약하다. 들여다보면 누구 하나 강하고 괜찮은 사람은 없었다. 서로를 위해 몰래 울고 있었을 뿐이다. 그럼에도 때론 용기가 필요하다. 아빠처럼 기댈 수 있을 만한 누군가를 찾아 아프다 슬프다 말하고, 울고, 그렇게 버티는 게 아닐까. 함께 울고 곁을 지켜주면서 말이다.

내가 지킬 거야

엄마, 아빠, 나. 우리에겐 각자 가장 지키고 싶은 한 가지
가 생겼다.

엄마는 떠난 아들에게 집중했다. 아들의 명예를 지
키는 것. 그것이 엄마가 스스로에게 부여한 가장 중요한
임무인 듯했다. 장례식장에서 친척들이 오빠가 극단적
인 선택을 하게 된 이유를 추측하며 수군거렸을 때 엄마
는 크게 화를 냈다. 오빠의 회사 사람들과 지인들 앞에서
도 자신의 아들이 얼마나 성품 좋고 성실하고 괜찮은 사
람이었는지 힘주어 말했다. 당신의 기억에서 가장 곱디
고운 아들의 면모를 꺼내 보이며, 아들이 모두에게 좋은
사람으로 기억되길 바랐다.

아빠는 엄마를 지키고자 했다. 내가 보기에도 남은
가족 중 가장 불안하고 위태로워 보이는 사람은 엄마였
다. 아빠는 오빠를 보낸 후 오로지 엄마를 지키고 보살피
기 위해 희생하기로 다짐했다. 하고 싶은 대로만 하고 살
던 지난 삶의 과오를 벌충하려는 듯, 모든 생활을 엄마에
게 맞추었다.

"힘닿는 데까지 아빠는 엄마 뒷바라지할 거야. 엄

마가 하고 싶은 일 할 수 있게 뒷바라지할 거야. 앞으로 10년 정도는 더 일할 수 있어. 그 뒤엔 물론 아빠도 힘이 빠져서 일을 못 하겠지."

며칠 전 나를 따로 불러내서 괴롭고 외로운 마음을 털어놓던 목소리가 떠오른다.

"아빠는 하고 싶은 일 없어? 가벼운 취미 같은 거라도."

"아빠는 이미 즐길 거 다 즐겨서 이제 재미 볼 것도 없어."

나는 아빠를 지키고 싶다. 아빠가 자신을 돌보는 방법을 찾았으면 좋겠다. 당장은 엄마를 지키는 것이 중요하다고 할지라도 아빠만의 삶의 기쁨과 존재 이유가 있으면 좋겠다. 주변을 돌보기 위해서라도 자신을 돌보는 데 소홀하지 않아야 한다고, 내가 건강해야 주변을 살필 힘이 나고, 내가 행복해야 주변도 행복할 거라고 믿는다. 일방적인 희생만으로 오래 지속할 수 없다.

여전히 나는 아빠를 볼 때마다 불안하다. 친구도, 마땅한 취미도 없이 살아가는 아빠의 인생은 과연 괜찮을까. 하지만 그 빈자리를 내가 채워줄 수 없다는 것 역시 잘 알고 있다.

나는 바란다. 아빠, 엄마, 나, 오빠. 우리, 서로가 중요하더라도 가족만이 삶의 전부가 되지 않기를. 각자 자신을 지킬 수 있는 무언가를 가지고 있기를. 사소하든 사소하지 않든, 그게 취미가 되었든 반려동물이 되었든 자신이 하는 일에 대한 소명이나 사명감이든, 무엇이라도 가지고 있기를 바란다.

떠날 거야

아빠에게서 오랜만에 전화가 왔다. 무슨 일이 있나. 아빠가 용건 없이 먼저 전화하는 경우는 드물다.

"따아알~ 지베 언제 내려오뉘이~ 곰돌이가 누나 언제 오냐고 챠져어~."

늘어지는 말꼬리, 콧소리가 섞인 채로 한껏 높아진 목소리. 술이구나. 아빠가 중요한 용건 없이 전화를 걸어 안부를 물을 때는 대부분 술에 취한 상태였다. 우리 집 반려견 곰돌이를 핑계로 언제 오느냐고 묻는다. 곰돌이가 찾긴 누굴 찾아, 아빠가 날 찾는 거겠지. 아빠는 보고 싶다는 표현 하나도 참 서툴다.

"아빠가 좋아하는 거에 비하면 우리 딸은 나를 10분의 1도 안 좋아하는 것 같아."

"내가?"

"응, 아빠가 딸을 얼마나 좋아하는데."

"말을 해야 알지."

"아빤 원래 말 안 하잖아."

"말을 안 하면 내가 어떻게 알아."

아빠의 뜬금없는 고백. 날 좋아해줘, 나도 사랑받고 싶어, 외로워. 감정 표현에 서툰 아빠는 술에 잔뜩 취해서야 용기를 내 속마음을 말한다. 하지만 내일 기억이나

할까. 아빠의 적극적인 표현에도 나는 사랑한다는 대답 대신 딱딱한 말투로 평소에 잘해달라고 대꾸했다.

"이번 연말에 아빠 훌쩍 떠날 거다. 말리지 마. 아빠는 자유로운 영혼이야. 딸한테만 말하는 거야. 엄마 잘 부탁해."

실컷 서운함을 쏟아내더니 갑자기 훌쩍 떠날 거라는 의미심장한 말을 내뱉는다. 가족에게 얽매이지 않고 자유롭게 살고 싶다는 말인지, 정말 세상을 떠나겠다는 뜻인지 알 수 없어 순간 당황했다. 떠날 거라고? 오빠처럼 아빠도 세상을 떠나겠다고?

"어디로 간다는 거야. 나랑 엄마는 어쩌고."

"캠핑카 타고 훌훌 떠날 거야. 찾지 마."

도무지 무슨 말인지 알 수가 없다. 떠난다니 그리고 찾지 말라니? 뚜렷한 이유도 계획도 없이 그저 떠난다는 말, 찾지 말라는 말에 불안해진다. 나랑 엄마만 두고 떠난다니. 화가 난다. 오빠를 보내고 아빠가 직접 말하지 않았나. 이제 엄마만 보고 살겠다고. 엄마를 지키는 게 유일한 삶의 이유라던 당당한 다짐은 어디 갔나. 고작 1년 남짓밖에 지나지 않았는데 이제 와서 딸인 나에게 엄마를 맡긴다고? 아빠의 무책임함에 치미는 불안과 화를 애써 삼키고 아무렇지 않은 척 말을 이어갔다. 다그치지 말고 대화를 이어가야 아빠의 본심을 읽을 수 있다.

캠핑카는 무슨 돈으로 사냐, 어디로 떠날 거냐 구체적으로 캐물었지만 별다른 수확은 없었다. 그저 떠날 거라는 말만 반복하는 아빠를 보며 난 믿기로 했다. 그래, 그저 여행을 떠난다는 의미겠지. 취해서 하는 말이겠지. 아빠는 원래 한곳에 정착하기보다 떠돌기 좋아하는 자유로운 영혼이잖아. 나는 스스로를 안심시키며 아빠에게 말했다.

"어디든 가게 되면 나한텐 꼭 말하고 가."

아빠에게 건넬 수 있는 최선의 당부이자 부탁이었다. 제발 떠나기 전에 무슨 말이라도 해달라는, 힘들고 고민되는 순간에 다시 날 찾아달라는, 내가 막아설 수 있는 기회를 한 번만 더 달라는 부탁이었다.

나는 알고 있다. 남은 가족 중 가장 외로운 사람은 아빠라는 것을. 엄마와 나는 주변에 챙겨주는 사람도 있고 스스로 감정을 살펴볼 줄도 아는 반면, 아빠는 술과 담배 말고는 달리 위로받을 길을 알지 못한다. 자신의 감정과 상태를 돌보는 데 서툴다.

그동안 엄마를 살피고 챙기느라 아빠의 외로움을 등한시했다는 생각에 미안하면서도, 점점 커지는 불안에 화가 난다. 아빠는 왜 곁에 있는 엄마에게 한마디도 못하고 당장 어떻게 해줄 수도 없는 나를 붙들고 이럴까. 내가 아빠의 나약함과 외로움을 받아줄 거라 생각한 걸까? 그나마 나한테라도 의지할 수 있으니 다행이라고 여겨야 하는 걸까? 아무리 이해해보려고 해도 이해가 되지 않아 나는 아빠와 통화하는 내내 화가 나고 억울하고 서운했다. 전화를 끊고도 방금 나눈 대화를 한참 곱씹다가 결국 오빠처럼 또 나에게 엄마를 잘 부탁한다고 하는 아빠 때문에 눈물이 쏟아졌다.

다음 날 아빠에게 전화를 걸었다. 아빠가 남긴 불안한 말 때문이었다.

"아빠 뭐 해?"

"응, 일 끝나고 친구랑 술 마시러 왔어."

"그렇구나. 엄마는?"

"몰라. 엄마랑 아빠랑은 그냥 각자 삶 사는 거야. 어제 말했듯이 아빠는 올해 말에 집을 떠날 거야."

"왜? 엄마가 서운하게 해?"

"너도 알잖아. 아빠는 엄마만 죽도록 사랑했는데 엄마는 아빠 맘도 몰라주고. 나중에 다 말해줄게. 그래서 집엔 언제 와?"

"이번 주말에 가려고."

"그래, 좋지. 우리 딸, 주말에 맥주 한잔 하자."

아빠의 밝은 목소리에 그제야 안심이 됐다. 같이 술 마실 친구도 있다니 더욱 마음이 놓였다. 갑자기 떠나겠다고 한 간밤의 말은 어떤 의미였을까?

시간이 지나고, 아빠가 떠날 거라 선언했던 연말이 되었다. 한 해가 일주일이 채 남지 않았다. 하지만 집을 떠날 거라던 아빠는 아직 조용했다. 캠핑카 살 돈을 못 구한 걸까. 그사이 마음이 바뀐 걸까.

지금 우리 가족은 모두 위태롭고 취약하다. 잘 보살피지 않으면 위험할 수 있다. 자칫하다가는 또다시 가족을 잃게 될지 모른다.

곰란 너어

4부

왜 떠났을까

오빠가 떠났다. 대체 왜 떠났을까. 무엇이 오빠를 고통스럽게 만들어 죽음으로까지 내몰았을까. 나는 날마다 오빠가 떠나기 이전으로 시계를 되돌리며 밤마다 오빠의 휴대폰과 노트북을 뒤적였다.

2018년 12월 25일
매주 토, 일 출근. 크리스마스 출근.

12월 31일
출근.

2019년 1월 1일
출근.

2019년 1월 31일
1월 한 달간 하루 출근하지 않은 날이다.

2019년 2월 4일
설 연휴인 오늘도 출근했다. 내일은 쉰다. 마음이 편하다.

2019년 2월 5일

오늘은 회사가 쉬어서 나도 출근하지 않았다.

아… 내일 다시 출근이다. 막막하다.

오빠의 일기장과도 같았던 블로그에는 온통 바쁘다, 일이 쏟아진다, 매일 출근한다는 내용뿐이었다. 주말도 연휴도 없이 오빠는 일만 했다. 야근은 기본이고 회사에서 밤을 새우는 날도 있었다. 자세한 속사정은 모르지만 분명한 건 업무가 너무 많았고, 장시간 노동에 몸도 마음도 망가지고 있었다는 것이다. 정부에서 주 52시간제를 권고하고 있었으나 전혀 지켜지지 않았다. 대충 계산해도 주 60시간 이상 일한 지 족히 3개월은 넘었다.

오빠의 죽어가는 소리가, 도움을 구하는 듯한 목소리가 블로그 여기저기서 발견되었다.

내일이면 월요일. 출근이다. 두렵다. 숨이 막힌다.

회사 대리 한 명이 나갔다. 사실 이제 내가 위기다. 일은 쉴 새 없이 몰려오고, 돈 문제는 계속 생기고, 이렇다 할 즐거운 요소도 없다.

오빠가 남긴 글에는 출근에 대한 공포와 불안 그리고 일상적 무기력과 우울감이 담겨 있었다. 발기부전 증상으로 병원을 찾아갔지만 몸에 이상이 없다, 심리적인 요인인 것 같다는 답변만 받았다는 것도 블로그에 남긴 글을 보고서야 알게 되었다.

당연히 업무에도 지장이 생겼다. 잦은 실수와 낮은 업무 효율로 "요즘 매일 회사에서 사고만 친다"며 오빠는 자책했다. 그럼에도 오빠는 일을 놓지 않았다. 쉬지 않았다. 잘하고 싶고, 동료에게 혹은 회사에 피해주기 싫은 마음 때문이었다. 이미 과로로 망가져버린 몸과 마음. 그러면서도 고작 하루를 쉬고 나서는 또 금방 희망에 차올랐다.

> 휴식을 취하니 일에 대한 자신감도 생기고 있다. 잠시나마 내일 출근하면 일 처리를 잘할 수 있을 것만 같다.

잘하고 싶은 만큼 일을 놓지 못한 그는 착실하고 성실한 노동자였다.

몇 개월에 걸친 과로로 오빠의 고통은 점점 극에 달하고 있었다. 죽음을 선택하기 며칠 전 친구와의 술자리에서도 퇴사하고 싶다며 고통을 토로했다고 한다. 지인과의 카톡에는 이런 말도 남겼다.

> 차라리 퇴근길에 사고라도 났으면 좋겠네요. 이참에 입원해서 푹 쉬게요. 빈말이라도 좋으니 제

발 쉬라고 해주세요…

　오빠에겐 그만큼 휴식이 절실했다.

　하지만 회사는 아무런 조치도 하지 않았다. 주변 동료들이 이제 그만 퇴근하라며 걱정하는 것이 전부였다. 분명 회사에서도 알고 있었다. 오픈 테이블인 사무실 구조상 직원의 야근을 모를 수가 없고, 출퇴근 기록을 통해서도 초과 근무의 정도를 쉽게 파악할 수 있었다. 그럼에도 너만 바쁜 거 아니다, 우리 모두 바쁘다, 어쩔 수 없다는 핑계로 쉴 시간을 제대로 보장해주지 않았다. 동료들이 지나친 초과 근무를 할 수밖에 없는 업무 환경에 이의를 제기하고 개선을 요구했지만 돌아오는 건 '주 52시간 제'를 고려하고 있다는 답변 정도였다. 업무 조정이나 업무 시간 관리 등에 대한 별다른 조치는 없었다.

　그렇게 건강이 무너진 상태로 오빠는 출근길에 졸다가 차 사고를 냈다. 오빠는 사고를 수습하며 든 생각을 이렇게 적었다.

　　멍한 정신 부여잡고 이겨내보려고 했지만 오늘 차 사고를 수습하면서 난 (살아갈) 의지가 없다는 걸 알았다.

오빠는 그날 결국 영원한 휴식을 선택했다. 지극히
성실한 노동의 결말은 죽음이었다.

그때 나는 알지 못했다

장례를 치르고 이틀 뒤, 오빠 회사 측에서 연락이 왔다. 임원 및 동료들과 만나자는 제안이었다. 소식을 듣고 두려움이 커졌다. 회사 측에서 어떤 말을 꺼낼지, 어떤 태도를 내보일지 몰라 두려웠다. 일단 돈을 내밀며 자기들 책임은 회피하고 사건을 무마하려는 영화 속 장면이 그려졌다.

오빠의 죽음은 결코 오빠의 개인적인 성향 때문만이 아니다. 자살하기 전 적어도 3개월 동안 혹은 그 이전부터 죽 이어져온 과로가 없었다면 오빠는 죽지 않았을 것이라고 나는 생각한다. 일과 회사가 오빠의 몸과 마음을 망가뜨렸다. 하지만 기업에서는 산업재해가 발생하거나 직장 내 사건이 터지면 개인적인 문제로 치부하며 회피하거나 사건 자체를 덮어버리려는 경우가 흔하지 않은가. 회사가 과실과 책임을 인정하는 경우는 극히 드물다. 혹시 오빠도 같은 취급을 당할까 봐, 오빠의 죽음이 그저 나약한 개인의 문제로 결론 내려질까 봐, 동료를 잃었다는 슬픔보다 회사 이미지와 평판만 신경 쓰는 사람들을 마주하게 될까 봐 나는 두려웠다.

뭐라도 준비하고 싶은데 아는 정보가 없어 막막했

다. 하지만 마냥 넋 놓고 있을 수만은 없었다. 경황없는 부모님을 대신해 나라도 정신 차려야 한다, 어쩌면 오빠의 죽음과 관련해 회사 측과 만나는 유일한 자리가 될지 모른다, 이번이 문제 제기를 할 수 있는 마지막 기회일지 모른다… 절박한 생각이 들었다. 무엇보다 상대가 어떻게 나올지 예측할 수 없다는 불안감으로 나는 결국 밤을 꼬박 새웠다.

청년 노동문제를 다루는 단체인 '청년유니온'을 찾았다. 자살로 오빠를 잃었고, 회사 측에서 만나자는 연락이 왔는데 이런 경우 통상적으로 회사는 어떻게 대처하는지, 유가족 측에서 조심하거나 미리 알아두면 좋은 사안이 있는지에 대한 질문과 함께 내 연락처를 남겼다. 이내 전화가 걸려 왔고 친절한 답변이 이어졌다.

"임원진이 보자고 했다면 무례하게 대하진 않을 거예요. 대부분 애도와 유감을 표하는 경우가 많아요. 하지만 혹시 서둘러 이 일에 대해 결론을 내리려고 하거나 정리하려는 느낌이 들면 그 자리에서 결정하지 마세요."

예상보다 가벼운 자리일 수 있겠다, 내일 모든 것을 결정하지 않아도 괜찮다, 여유를 가지자, 말하고 싶은 만큼 말하고 할 수 있는 만큼 하고 오자고 생각했다. 그 밖에도 회사 측의 일반적인 태도와 관례 등에 관해 듣고 나는 회사 사람들을 만나 무슨 말을 하고 싶은지, 내가 취해야 할 입장과 태도가 있다면 무엇인지 정리했다. 나와 상대에 대해 모호했던 것이 명확해지자 차츰 마음이 놓였다.

　부모님과 함께 오빠가 일하던 회사에 도착했다. 3백 명 넘는 직원이 다니는 중견 기업답게 건물은 크고 깔끔했다. 지은 지 얼마 되지 않은 듯했다. 신축 건물이 화려하게 빛날수록 분노와 자괴감이 커져갔다. 외관만 번드르르하면 뭐 하나, 이곳에서 오빠는 죽어가고 있었는데.

　회사 내부는 내 예상대로였다. 낮은 칸막이로 개인 책상을 간신히 구분해놓은 하나로 트인 공간에서 최소 백여 명이 일하고 있었다. 서로의 업무가 훤히 내다보이는 오픈 공간, 소통하기 쉬운 만큼 일거수일투족 관리당하기도 쉬운 구조였다. 눈만 돌리면 누가 어디서 무엇을 하는지 알 수 있었다. 새벽까지 야근하던 오빠를 도저히 모를 수가 없었을 텐데, 도대체 그동안 회사는 무엇을 하고 있었을까. 이 많은 사람들 중 오빠를 말릴 누군가가 아무도 없었단 말인가.

　안내에 따라 부사장실에 들어갔다. 부모님과 함께 원형 테이블에 부사장과 마주 앉았다. 직원으로 보이는 여럿이 뒤따라 들어왔다. 장례식장에서 인사한 오빠의 직속 상사를 제외하곤 모두 처음 보는 사람들이었다. 그들은 자리에도 앉지 않고 마치 보디가드라도 되는 양 부사장 뒤를 지키고 서 있었다. 부사장과의 대화가 시작되고 나서도 자리를 뜨지 않는다. 저 사람들은 누굴까, 왜

문을 막고 서서 우리의 대화를 듣고 있을까. 마치 우리가 난동이라도 부릴 것처럼. 궁금함이 일었지만 아무도 말해주지 않았다. 처음부터 그들이 누구인지 설명하고 함께해도 되는지 양해만 구했어도 중압감이나 불쾌감이 들지는 않았을 것이다. 유가족에 대한 섬세한 배려가 없었다. 저들은 누구냐고, 필요하지 않으면 나가달라고, 그래야 편하게 이야기할 수 있을 것 같다고 말하고 싶었지만 그러지 못했다. 위압적인 분위기에 짓눌려 나는 목소리를 잃었다.

"입사 당시 제가 면접을 봤어요. 지금도 기억할 정도로 인상 깊은 친구였어요. 이공계 출신으로서는 보기 드문 면이 많았어요. 좋은 쪽으로 좀 특이했죠. 아나운서 같은 단정한 목소리에 말도 참 잘하고. 한 번씩 회사 바자회를 여는데 이건 누가 읽나 싶을 정도로 어려운 책이 보여서 물어보면 아드님이 내놓은 것이었어요. 다른 직원은 잘 안 읽는 경제서나 철학책을 많이 읽곤 했죠."

부사장이 먼저 오빠를 떠올리며 입을 뗐다. 나긋나긋한 목소리에 포근하고 선한 인상이었다.

"맞아요. 우리 애는 어렸을 적부터 책을 좋아했어요. 왜소한 체형과 남다른 취향 때문에 어렸을 적 왕따를 당한 적도 있는데 그래서인지 책을 벗 삼았던 것 같아요. 제 아들이지만 참 착했어요. 자라면서 한번도 속 썩인 적이 없었죠. 일찍이 실업계 고등학교에 입학해 자기 진로 정해서 대학까지 알아서 진학하고. 성실하고 착한 아이였어요."

그 자리에 모인 사람들은 각자 보고 들은 그의 모습 중 가장 아름다운 조각들을 꺼내 조심스레 나누었다. 회사 동료는 일터에서의 그를, 우리는 아들과 오빠로서의 그를 꺼내 들었다. 분명 부족하고 모자란 부분도 있었겠지만 마지막 순간에는 가장 빛나는 부분만을 가져가고 싶은 것이 우리의 염원이었다.

"최근 3개월 동안 일이 많았나요?"

나는 가장 궁금한 질문을 꺼냈다. 부사장은 업계 특성상 일이 갑자기 몰릴 때가 있다, 많아지면 팀원들과 분담하여 업무량을 조정한다, 정부 지침에 따라 주 52시간제를 지키려 한다는 등의 형식적인 답변을 내놓았다. 인원 충원이나, 업무량 조절 등 근본적인 문제 해결이나 노동 시간 단축의 구체적인 방안에 대한 언급은 없었다. 과로 문제에 대해 깊은 고민도 경각심도 없는 듯했다. 오빠가 최근 3개월간 퇴사를 고민했을 정도로 일이 많아 힘들어했다고 말하자 그가 말했다.

"요즘 일이 많기는 해요. 그런데 모두 비슷하게 바쁘고 힘들어요. 업무가 많아 힘들긴 하지만 잘 버티는 친구들도 많아요. 아드님은 유독 착하고 여려서…"

에둘러 표현했지만 비슷한 상황에서도 모두 극단적 선택을 하는 건 아니지 않느냐, 여기서 일하는 직원들 대부분 잘 버티지 않느냐며 결국 오빠의 '나약함'을 탓하는 분위기였다. 업무 분장에 실패해 직원을 과로로 내몰고 방치한 회사의 잘못과 책임은 끝내 인정하지 않았다. 분명 개인적인 성향도 영향을 미치기는 했을 것이다. 하지만 애초부터 업무량을 조정하고 합리적으로 분장해서 지나친 초과 근무를 하지 않도록 회사 차원에서 제대로 된 시스템을 마련했다면, 혹은 직원의 취약해진 상태를 알아채고 적절한 대응책을 마련해주었다면 과연 지금과 같은 결과가 나왔을까? 설령 오빠의 성향이 나약했다고 해도 마찬가지다. 강한 사람만이 살아남고 나약한 사람은 고통받고 퇴출되고 사라져야 마땅한가? 이런 불행이 다시 반복되지 않으리란 보장이 있나? 지금도 저 사무실 어딘가에서 여전히 누군가는 고통에 시달리며 하루하루 버티고 있다는 사실을 모른단 말인가?

과로 사실에 대한 회사의 잘못을 인정하지 않고 오빠의 죽음에 대해 책임지지 않으려는 말에 분노가 끓어올랐지만 말하지 못했다. 참았다. 그저 업무 환경을 개선해달라, 주 52시간제 등 근로기준법을 준수해달라는, 당연하고도 기본적인 요구 사항만 전달한 채 자리에서 일어섰다.

회사 측을 만나기 전에 엄마는 나에게 당부했다.

"원만하게 해결하고 싶어."

그때 나는 알지 못했다. 오빠는 왜 죽었는지, 누구의 잘못인지, 회사는 무엇을 얼마나 잘못했는지, 유가족인 나는 누구에게 어떤 잘잘못을 따져야 하는지, 어떤 권리를 주장할 수 있는지 도통 알지 못했다. 어디에 물어야 할지도 몰랐다. 그래서 원만하게 해결하고 싶다는 엄마의 뜻에 따르기로 했다. 더 깊게 고민하고 알아가고 싸우기를 포기했다.

이제 와 생각한다. 잘한 일일까. 옳은 선택을 한 것일까. 근로기준법을 준수하고 근무 환경을 개선해달라는 우리 가족의 요구를 회사는 이행하고 있을까. 그들이 진정으로 잘못을 반성하고 책임질 수 있도록 내가 더 적극적으로 추궁하고 잘잘못을 따졌어야 했던 게 아닐까.

비겁해지고 싶지 않아

늦은 저녁, 인적 없는 귀갓길. 불쑥 분노가 치밀면서 욕이 나온다. 나쁜 놈, 이기적인 새끼. 우리만 남겨두고 자기 혼자 그렇게 가버리다니.

나는 오빠가 밉다. 우리보다 먼저 떠나간 사실이, 그리고 그렇게 엄청난 선택을 혼자 내리고 실행해버렸다는 사실이 원망스럽다. 남겨진 우리에게는 마르지 않는 눈물과 슬픔, 생전 겪어보지 못한 아픔이 남았다. 나에게 이 잔혹함을 안기고 간 오빠에게 화가 난다. 오죽하면 그런 선택을 했을까 싶어 오빠가 불쌍하고 가엾게 느껴지다가도 어쩌면 이렇게 이기적일 수 있었을까 하는 생각에 다시 화가 치민다. 죽음을 생각하던 그 찰나에 지극히 아끼던 엄마를 떠올리면서 조금만 더 참지 그랬느냐고, 결국 우리보다 자기가 더 중요했던 거 아니냐고 따지고만 싶다.

엄마에게서는 분노가 보이지 않았다. 격무에 시달리게 한 회사를 탓하지도 않았고, 왜 아들을 먼저 데려갔느냐며 신에게 따지지도 않았다. 왜 그렇게 잔인한 일을 했느냐고 아들을 원망하거나 미워하지도 않았다. 안쓰러움, 자책감, 그리움 외에 다른 감정은 보이지 않았다.

엄마의 애도 편지를 읽으며 의아했던 것이 바로 그 점이었다. 나는 이렇게 화가 나는데 엄마의 감정은 어떻게 이렇게 고요할까? 화가 나지 않는 건지 홀로 속으로 삼키는 건지 모르겠지만 엄마에게는 분노가 핵심 감정은 아닌 것 같았다.

엄마와 달리 나는 많은 것에 화가 났다. 오빠를 상처 주고 괴롭힌 것들, 오빠의 죽음에 직·간접적으로 영향을 미친 모든 요인들을 떠올리기 시작했다.

학창 시절 만화와 피규어를 좋아하는, 키 작고 힘없는 약자였던 오빠는 결국 사냥감이 되어 왕따를 당했었다. 그런 시간을 견디고 성인이 된 오빠를 떠올린다. 오빠는 왜 그렇게 고통받으며 일을 해야만 했을까. 밤낮도 없이, 주말과 연휴까지 반납하며 성실히 일한 대가가 결국 죽음인가? 몸도 마음도 망가지고 있는 걸 알면서도 일을 손에서 놓지 못하게 만든 것은 누구인가? 지금도 많은 노동자들이 자신의 생명을 갈아 넣으면서 과로하고 있지 않은가. 개인보다 일을 중요하게 여기는 사회, 과로를 부추기는 경쟁 시스템, 그리고 이를 방치하는 부실한 관리 시스템. 과로하도록 오빠를 방치했던 회사가, 노동자를 보호하지 못하는 법과 정부가 밉다.

나는 여전히 화가 난다. 힘들고 아팠어도 죽음까지 가지는 말았으면 하는 안타까움에 오빠에게 화가 나고,

오빠를 죽음으로 내몬 모든 요인들에 화가 난다. 지금도 비슷한 이유로 아파하는 사람들과 유가족들이 눈에 밟힌다. 잔인한 현실에 화가 난다.

이 분노를 어떡해야 좋을까. 너무나 많은 화가 내 안에 엉켜 있다. 이렇게 참다간 언제 어디서 불쑥 폭발하고 미쳐버릴지 모르겠다. 그래서 나는 참지 않기로 했다. 혼자 있을 때 오빠를 향해 욕을 내뱉었다. 계속해서 화가 솟구치니 어떻게든 표출해야만 했다.

언젠가 유시민 작가가 방송에서 이런 말을 했다.

간혹 안 될 것 같은데 목소리 높여 투쟁하는 사람들이 있어요. '플라스틱 OUT'처럼 직접적인 자기 이해관계가 있는 것도 아니고 해도 바뀔 것 같지 않은 싸움을 말이죠. 왜 그런 일을 한다고 생각하세요? 이유는 다양하지만 때로 사람들은 자기를 지키기 위해서 그런 행동을 하기도 해요. 하지 않으면 안 될 것 같아서, 누군가 해야만 할 것 같아서, 스스로 내가 살아가는 방식에 비천함과 비겁함을 느끼고 싶지 않아서요.

나 역시 오빠의 죽음에 뭐라도 해야만 할 것 같은 책임감을 느꼈다. 누군가 나에게 아무것도 안 하고 왜 가만히 있었냐고, 불평만 하는 걸로 세상이 변하냐고 물으면 할 말이 없어서, 결국 스스로를 자책하고 탓하고 원망하게 될 거라는 무거운 예감에 시달렸다. 나는 나를 지키기 위해서라도 할 수 있는 일을 찾아 행동해야 했다. 또 다른 과로 죽음과 자살자가 생겨서는 안 된다. 오빠를 잃고 전에는 보이지 않던 아픔이 눈에 밟히기 시작했지만 어디서부터 잘못된 건지 알 수 없는 폭력적인 문화, 노동자를 보호하지 않는 시스템에 맞서 싸울 용기가 내게 있는 것 같지 않다. 내가 가진 작은 용기와 능력 안에서 과연 내가 할 수 있는 것은 무엇일까.

너무 빨리 포기했나

오빠의 흔적을 더듬으면서 나는 점점 더 오빠의 죽음이 원인 모를 자살이 아니라 '과로 자살'이라고 확신했다. 그러면서도 산업재해 신청을 주저했다. 무엇보다 엄마가 오빠를 조용히 보내주고 싶다고 당부해서 더는 나서기가 어려웠다.

오빠 회사 측과의 만남을 앞두고 조언을 구하고자 노동상담소의 문을 두드렸을 때 상담사에게 산업재해 신청에 대해 물었다.

"오빠가 업무 스트레스로 인해 자살한 것 같은데… 회사 측으로부터 피해보상을 받거나 책임을 물을 수도 있나요?"

"회사 측에 책임을 물을 수 있기는 하지만… 힘들 거예요. 유서에도 직접적인 언급이 없다면 산재를 승인받을 확률도 낮고, 과로를 증명할 자료를 모으고 동료 증언도 받아야 할 텐데 쉽지 않을 거예요…"

담당자는 할 수 없다고 하지는 않았지만, 나에겐 '힘들' 거라는, '쉽지 않을' 거라는 말이 크게 다가왔다. 작은 가능성을 염두에 두고 부딪쳐야 할 일이 커다란 산처럼 느껴졌다. 그래, 해도 안 되겠지. 상대는 돈도 많고 규모도 크고 이런 일에 대해 우리보다 대비가 훨씬 많이 되어 있는 기업인걸. 오빠와 관련된 행정적인 일들을 처리하고 부모님을 보살피는 것만으로도 지금 충분히 벅찬데…. 그렇게 나는 더 나아가지 못하고 빠르게 산재 신청을 포기했다.

오빠가 떠난 지 1년이 지나서야 나는 '한국과로사·과로자살유가족모임'을 찾았다. 첫 만남이라 자기소개부터 시작했고, 곧 내 차례가 되었다.

"작년에 오빠를 잃었어요. 과로로 인해 세상을 떠났다고 생각했지만, 산재 신청을 하진 않았어요. 앞으로도 하지 않을 수도 있어요. 하지만 오빠가 왜 죽었는지 알고 싶어요. 오빠의 죽음이 어떤 의미인지 알고 싶어요. 그에 대한 힌트를 얻을 수 있을까 해서 찾아왔어요."

나는 그렇게 오빠가 떠난 이야기를 풀어놓았다. 내 이야기를 듣더니 한 유가족이 말했다.

"저와 비슷하네요. 저도 과로 자살로 형제를 잃었지만, 유서에는 관련 언급조차 없었죠. 하지만 산재 승인을 받았어요."

나와 비슷한 상황이었지만 산재 절차를 밟고 승인을 받았다는 이야기를 들으며 생각했다. 나도 할 수 있을까?

"할 수 있어요. 도와줄게요. 함께 해봐요."

그가 할 수 있다고 했다. 옆에서도 함께 해보자고 했다. 처음이었다. 매번 안 될 거라는 말만 들어왔다. 힘들고 어렵다는 것만 알려줄 뿐 그 누구도 함께 걸어보자는 말을 하지 않았다. 먼저 손을 건네지 않았다. 설령 산재 준비를 하는 과정이 유가족이 감당하기에 험난하고 잔인한 길이라 할지라도 상담소에서는 왜 나에게 할 수 있다고, 한번 해보라고 말해주지 않았을까? 오빠가 죽은 이유를 제대로 밝히기 위해서라도, 다시는 같은 비극이 반복되지 않기 위해서라도 잘못을 가려 책임을 물어야 한다고 왜 말해주지 않았을까? 나는 왜 그때 더 알아보지도 않고, 시도조차 하지 못하고, 어렵고 두렵다는 핑계로 주저앉아버렸을까?

나는 여전히 의문이다

오늘도 누군가 스스로 목숨을 끊었다는 기사가 나왔다. 다름 아닌 과로 자살이다. 현대자동차를 다니던 두 아이의 아빠가 밤낮없이 일하다가 세상을 등졌다. 오빠가 떠난 지 3년이 되어가지만 여전히 많은 사람이 과로로 죽는다.

주 52시간제가 도입되었지만 많은 사람들이 과로에 시달리고 있는 것은 변함없다. 근본적으로 업무량은 줄이지 않으면서 야근은 하지 말고 퇴근을 하란다. 결국 가짜로 퇴근 카드를 찍고 다시 자리에 앉아 늦게까지 일한다. 기록에 남지 않는 초과 근무다. 그렇게 통계에 잡히지 않는 과로사, 과로 자살은 여전하다. 기업은 구조가 아닌 개인을 탓한다. 몰아치기 식으로 끊임없이 일을 주고 시간 내에 해내지 못하는 건 개인 역량, 실력 부족이라고 탓한다. 힘들다고 말하면 다른 사람들은 잘만 하는데 너는 왜 그러냐며 나약하다 탓한다. 모두 개인 잘못이다. 여전히 실적과 경쟁 압박이 만연하다. 관용은 없다.

'한국과로사·과로자살유가족모임'의 리더와 이야기를 나누다가, 유족조차 과로사인지 모르는 경우가 많다는 걸 알게 되었다. 오빠의 경우도 비슷했다. 유서에 과로로 힘들다는 언급을 하지 않았다. 하지만 오빠가 평소에 남긴 기록 곳곳에 증거가 있었다. 털어놓을 곳이 없어서 블로그에 회사에 가기 너무 싫다, 퇴사하고 싶다, 출근하기 두렵다는 말을 적어놓았다.

그럼에도 오빠는 자신을 탓했다. 이렇게 과중한 업무로 자신을 내몬 회사나 구조를 탓하지 않았다. 그저 살아갈 의지가 없는 자신을 나약하고 한심하다 여겼다. 이성적 판단이 불가능한 상태였다. 당연했다. 이미 과로로 심신 모두 일어설 수 없을 정도로 지친 상태였다. 오빠가 블로그와 카톡에 남긴 기록이 없었다면 나도 오빠의 죽음을 과로와 연결 짓지 못했을 것이다. 사회적으로도 이제야 과로사, 과로 자살 문제에 대한 의식이 조금씩 퍼져나가고 있다. 쿠팡 택배 노동자의 잇따른 죽음을 통해서다.

오빠가 스스로 죽음을 선택한 후, 죽음의 원인이 업무상 과로임을 증명하기 위해 산업 재해 신청을 해야 하나 고민했지만 결국 하지 않았다. 그로부터 1년 후 과로자살유가족모임을 만났고, 모임 사람들의 격려와 응원 덕분에 다시 부딪쳐볼 수 있겠다는 생각이 들기도 했다. 하지만 여전히 적극적으로 나설 용기가 없었다. 노무사와 동료들이 곁에 있어도 결국에는 유가족인 내가 힘내고 앞장서야 한다. 여전히 회사는 협조적이지 않은 경우가 많다. 사인 입증을 위한 정보 청구 및 수집 등 유족이 감당하고 싸워서 받아내야 하는 절차가 많다. 지금도 버거운데 여기서 더 정신을 부여잡고 억지로 힘을 끌어내야 한다는 생각만으로도 나는 숨이 막혔다. 그렇게 두 번째로 산재 신청을 포기했다.

오빠의 3주기가 다가온다. 여전히 내 선택에 대해 의문이다. 잘한 선택이었을까. 이제라도 산재 신청을 해야 하지 않을까. 나는 오빠의 죽음에 대한 책임을 회사에 제대로 묻지 못했다는 생각에 여전히 억울하고 괴롭다. 과로에 시달리지 않았다면 오빠가 더 오래 살았을 거라는 확신, 열심히 일한 결과가 결국 죽음이었다는 억울함, 그리고 내가 제대로 문제 제기를 하지 않았기 때문에 똑같은 문제가 되풀이되고 있다는 자책감은 3년이 다 되도록 희미해지기는커녕 점점 더 커지기만 한다.

오빠 걸어서

5부

괜찮지 않아

오빠를 보내고 짧지 않은 시간이 지났다. 나는 이제 괜찮아졌다고, 나 정도면 잘해내고 있는 것 같다고 스스로 생각했다. 오빠 이야기를, 결코 쉽지 않은 이야기를 글로도 쓰고 친구들한테도 말하곤 하잖아. 이 정도면 잘하고 있는 거겠지? 이 정도면 나, 괜찮은 거겠지?

스스로 양호한 상태라 여겼음에도 마음 한편엔 불안이 있었다. 나, 정말 괜찮은 걸까? 전문가에게서 확인을 받고 싶었다. 심리 상담을 연결해줄 수 있다는 말에 중앙심리부검센터에서 운영하는 자살 유가족을 위한 공간 '따뜻한 작별'에 상담 신청을 하고, 지역에 있는 정신증진보건센터에서 심리 상담을 받게 되었다.

"심리 상담을 받고 싶어 하신다고 들었어요. 어떤 부분에서 도움을 받고 싶으신가요?"

"가족과 사별한 지 1년 반이 지났는데 제가 정말 괜찮은 걸까 궁금해서요. 주변에서도 괜찮아 보인다고 말하고 스스로도 이 정도면 잘 지낸다고 생각해요. 하지만 조금 더 객관적으로 알고 싶어요. 저 정말 괜찮은 걸까요?"

나는 스스로가 궁금했고 불안했다. 혹시 괜찮지 않으면 어떡하지. 그래서 확인받고 인정받고 싶었다. 객관적인 검사도 받고, 전문가로부터 정상이라는 진단을 받고 싶었다.

약식으로 간단한 정신질환 검사지를 작성했다. 검사 결과, 나는 아주 양호했다. 일반인 평균보다도 우울증 지수가 낮다며, 스트레스 관리를 잘하고 있다고 담당 선생님이 말했다. 기대 이상의 결과에 나는 안도했다.

'따뜻한 작별'에서 운영하는 자조 모임에도 갔다. 자신의 이야기를 말하는 자리였다. 처음 보는 사람들과 같이 밥을 먹고 한자리에 둘러앉았다.

"처음 오신 분도 계시니 돌아가며 자기소개부터 할게요."

나는 먼저 하겠다고 자진했다. 어렵지 않을 거라고 생각했다. 몇 시간 전 글쓰기 모임에 가서도 '나는 자살 유가족이고 그 일과 관련해 글을 쓰고 있다'고 씩씩하게 말했으니 이번에도 그럴 수 있을 것 같았다. '작년 3월에 오빠를 보냈고 이제 1년 반이 되어가네요. 이번 달이면 오빠 생일이에요. 그 이야기를 하고 싶어 왔어요'라며 담담하게 말하는 내 모습을 기대했다. 착각이었다.

"제 이름은 김설입니다. 저는…."

기대와 달리, 나는 고작 이름만 말하고는 더는 내 소개를 이어나갈 수가 없었다. 말보다 앞서 눈물이 흘러내렸다. 아무 말도 할 수 없었다. 한번 시작된 눈물은 멈추지 않았다. 정적 사이로 티슈 뽑는 소리와 나의 훌쩍거림만이 울렸다. 민망함에도 눈물과 콧물은 멈추지 않았다. 그제야 난 깨달았다. 나는 아직 슬프구나. 나는 여전히 아프구나. 나는 여전히 오빠를 떠올리고 기억하는 일이, 오빠라는 말을 내뱉는 일이 쉽지 않구나. 나, 괜찮지 않구나.

나는 괜찮아지고 싶었다. 내가 생각하기에 '괜찮은 나'는 이런 모습이었다. 눈물 없이도 오빠를 떠올리고 추억한다. 오빠를 보내고 그 이후에 내가 어떤 시간을 보냈는지, 내가 어떤 경험을 하고 어떤 변화가 있었는지, 얼마나 큰 충격과 혼란을 거쳤는지, 얼마나 슬펐는지를 담담하게 입 밖으로 꺼내놓는다. 나는 내가 남들에게 담담한 모습으로 보이기를 기대했다.

장례를 치른 후 관련 책을 찾아 읽고 글을 쓰고 자조모임에도 찾아가며 내 이야기를 서슴지 않고 당당히 말하려고 노력했다. 지금 생각해보면 속마음을 꺼내는 게 두려운 건 당연한데, 그런 일을 겪고 나서는 말보다 눈물이 앞서는 게 당연한데, 왜 그리 빨리 괜찮아지려고 했을까? 왜 그리 씩씩해 보이고 싶었을까?

나는 사람들에게 말하고 싶었던 것 같다. '나 좀 봐요. 나는 나를 객관적으로 바라볼 줄도 알고, 아프고 충격적이었던 장면도 담담히 꺼내놓을 수 있어요. 나 참 대단하죠? 나 참 강하죠?' 헷갈린다. 나는 정말 괜찮은 걸까? 괜찮다고 증명받고 인정받기 위해 괜찮은 척을 하고 있었던 건 아닐까?

적어도 이것만큼은 확실하다. 유가족 모임에서 눈물을 흘렸던 순간의 나는 괜찮지 않았다. 여전히 오빠가 보고 싶고, 눈물이 앞서 말을 맺지 못할 정도로 슬펐다. 그때의 난 담담하지도 씩씩하지도 않았고, 슬픔을 숨길 수도 없었다. 적어도 그때의 난 괜찮지 않았다.

괜찮아진다는 것은 무엇일까? 괜찮음의 정의도 괜찮아진 상태가 무엇인지도 모르겠지만, 분명한 것 하나는 모든 순간 괜찮을 수는 없다는 것이다. 누구에게나 지금의 나처럼 괜찮은 순간도 있고 그렇지 않은 순간도 있을 것이다. 모두가 그런 순간을 오가면서 살아간다.

하지만 어쩌면 나는 평생 괜찮아지지 않을 수도 있다. 오빠를 떠올리는 일이 줄어들 수는 있을 것이다. 시간이 지날수록 우는 날이 적어지고 있으니까. 하지만 오빠를 향한 그리움과 슬픔, 아픔도 줄어들까. 잦아들 순 있어도 과연 사라질 수 있을까. 평생 이 감정을 끌어안고 살아가야 할지도 모른다. 그렇다면, 어쩔 수 없이 한평생 같이 살아야 한다면, 기왕이면 함께 잘 살아가고 싶다. 이 사별의 슬픔과 아픔을 끌어안고 살아가는 방법을 터득해가고 싶다.

기억

1층, 2층, 3층… 9층. 늦은 저녁, 귀갓길에서 아파트 층수를 세다 9층에서 멈춘다. 저쯤이었을까? 오빠가 떨어진 곳이.

층수를 세는 건 나의 오래된 습관이다. 저건 몇 층짜리 건물인가. 날로 높아져만 가는 고층건물에 대한 놀라움으로 높은 건물을 발견할 때마다 나의 시선은 꼭대기까지 올라갔다가 층수를 세며 내려오곤 했다.

이제 내 시선이 좀 더 오래 머무는 곳이 생겼다. 9층. 오빠가 떨어진 곳이다. 그 아찔한 높이에 내 눈이 붙박인다. 저쯤에서 떨어졌겠지. 까마득하네. 고소공포증 없는 나도 이렇게 무서운데, 겁 많은 오빠가 대체 무슨 용기로…. 잠시 그날의 오빠를 떠올린다. 죽음을 결심한 순간, 오빠의 시선을 따라가본다. 창문 너머를 내려다보는 순간 오빠는 무서웠을까 아니면 죽음에 대한 공포도 느껴지지 않을 정도로 무감했을까. 어딜 밟고 창문을 올랐을까. 떨어지는 찰나에는 어떤 생각을 했을까. 아무 생각도 들지 않았으려나.

처음에는 이런 생각들 때문에 괴로웠다. 높은 아파트만 보여도 힘들었다. 영화에서처럼 사람이 빠르게 떨어지는 장면이 떠올라 눈을 감기도 했다.

이제는 높은 건물을 마주해도 아무렇지 않게 지나칠 수 있게 되었다. 어떨 때는 스스로에게 묻는다. 내가 너무 덤덤한가? 사람들이 매정하다고 욕하려나? 이런 내가 이상한 걸까? 나 스스로도 내 반응이 낯설다.

오빠는 아직도 내 곁을 맴돈다. 편의점에서 오빠와 목소리가 똑같은 점원이 건네는 말에 화들짝 놀라 얼굴을 확인하기도 하고, 지하철 에스컬레이터를 오르다 오빠가 메고 다니던 배낭이 보이면 가슴이 뛴다. 온라인 검색을 하다 오빠가 좋아하던 만화가 보이면 일순간 생각이 멈춘다. 무방비 상태로 들이닥치는 기억들, 내가 어찌할 수 없는 기억들.

그런 순간들 앞에서 어떨 때는 울컥 올라오는 눈물을 남몰래 삼키는가 하면 아무런 일도 없는 듯 담담하게 흘려보내기도 한다. 닥친 업무를 처리해야 한다는 조급함에 재빨리 생각을 지우기도 하는 반면 하염없이 기억속에 머물기도 한다. 나 스스로도 내 반응을 예측할 수없다.

그래서 어느 순간부터 스스로를 그냥 내버려두기로 했다. 슬프면 울고, 화가 차오르면 욕하고, 때론 남의 일처럼 그냥 응시하기도 하면서 순간순간 떠오르는 감정과 반응을 지켜보기로 결심했다.

언젠가부터는 불쑥불쑥 찾아드는 오빠의 기억을 애

써 쫓아내지 않는다. 떠오르는 생각을 억지로 막지도, 일부러 회피하지도 않고 자연스레 흘려보내려고 노력한다. 마음이 여유로울 때면 수면 위로 하나둘씩 고요하게 떠오르는 기억과 생각을 찬찬히 쫓아간다. 그렇게 오빠의 기억과 함께하는 길을 찾고 싶다.

행복

그날도 퇴근 후 집에서 TV를 보면서 맥주 한 캔을 마시며 쉬고 있었다. 취기 때문인지 문득 내가 누리는 모든 것들이 감사했다. 다음 날 출근을 생각하면 한숨부터 나올 때가 있지만 나를 필요로 하는 직장이 있다. 일에서 나름의 보람과 성취감도 느낀다. 이젠 이십대 초반과는 달리 좋아하는 커피와 맥주를 마음껏 마실 수 있을 만큼 지갑 사정도 여유롭다. 수고한 몸을 이끌고 집에 돌아오면 반려견 곰돌이가 뱅글뱅글 돌며 나를 반겨준다.

TV를 끄자 고요함이 찾아왔다. 밤 11시 45분. 자정이 되기까지 얼마 남지 않은 시각. 오빠가 세상을 등지기로 결심했을 시간이었다. 그때 오빠는 얼마나 아팠을까. 내가 안락함과 행복함에 취해 있는 이 시각에 오빠는 얼마나 두려웠을까. 무슨 심정으로 유서를 썼을까. 어떤 마음과 어떤 표정으로 몸을 던졌을까. 오빠는 그렇게 힘들어했는데 나는 이렇게 편해도 되는 걸까. 이렇게 행복해도 되는 걸까.

오빠에게 따져 물었다. '곁에 있을 때 내가 좀 더 잘해주지 못해서 미안해. 하지만, 이제 앞으로 나는 행복하면 안 돼? 웃으면 안 돼? 억지로 오빠를 지우려는 게 아

니야. 그냥 나 좀 괜찮아지면 안 돼?'

　오빠는 내가 불행하길 바랄까. 아니다. 오빠는 유서에 모두에게 미안하다 말했다. 그 말은, 자신의 고통이 너무 커서 먼저 떠나지만 남은 이들이 아프지 않기를 바란다는 뜻이었다. 결과는 어찌 되었든 의도는 그랬을 것이다.

　한참 동안 행복을 부정하려고 했다. 하지만 오빠가 그렇게 떠났다고 해서 내게 행복한 순간이 있으면 안 될 이유는 없다. 나는 행복을 누릴 권리가 있다. 애써 웃으며 억지스럽게 노력하자는 것이 아니라, 살랑이는 봄바람처럼 자연스럽게 스미는 행복 앞에서 기꺼이 웃음을 짓자는 의미다. 이제 나는 다가오는 순간의 기쁨도, 슬픔도 모두 피하지 않을 것이다. 모든 순간의 나를 나는 받아들일 것이다. 그리고 나아갈 것이다.

만약

오빠를 보낸 지 1년이 지났다. 만 27년을 알고 지냈으니 함께한 시간에 비하면 참으로 짧은 시간이다. 때때로 오빠가 잠시 유학을 간 건 아닐까, 어처구니없는 생각을 하기도 한다. 하지만 오빠는 결코 돌아올 수 없는 곳으로 떠났다는 것이 현실이다.

오빠의 흔적도 이제 많이 사라졌다. 방 안에 붙여놓은 오빠의 조그마한 증명사진을 보며 가끔 인사한다. '잘 지내? 거기는 어때? 편안해?'

넷플릭스 드라마 <힐하우스의 유령>에서 서양 장례식 장면을 보았다. 매우 색달랐다. 온통 흑백인 우리나라 장례식장과는 달리 화사한 파스텔컬러 벽지에 화려한 꽃과 단아한 조명들로 꾸며진 장례식장에서는 온화함과 따스함이 느껴졌다.

또 하나 인상적인 것은 '뷰잉(viewing)'이라는 장례 문화였는데, 장례식 때 유가족을 비롯한 모든 조문객들에게 시신을 보여주는 것이다. <힐하우스의 유령>을 보면 장례가 이루어지는 내내 뷰잉을 한다. 장례식장 정면에 놓인 관 속에는 살아생전 아름다웠던 모습으로 복원된 시신이 곤히 잠든 듯 누워 있다. 그리고 조문객들은 고인에게 다가가 마지막 인사를 건넨다. 입관식 때 유가족만 고인을 잠시 볼 수 있게 하는 우리나라와 달리, 조문객이라면 누구나 장례식 내내 저마다 원하는 만큼 충분히 고인을 마주하고 작별의 시간을 가질 수 있다.

오빠의 입관식은 어땠는가. 오빠에게 마지막 인사를 건네던 때를 떠올린다. 유가족은 와서 고인에게 인사하라는 장의사의 안내에도 난 가까이 다가갈 수 없었다. 무서웠다. 고인이라는 말에 나는 흉측한 몰골의 시신을 떠올렸고 혹시 모를 충격과 두려움을 피하고만 싶었다.

곧장 아들에게로 달려가 얼굴을 쓰다듬는 엄마와 달리, 난 저만치 떨어져 있었다. 그렇게 주저하는 사이 시간은 흘러갔고, 장의사는 이제 입관을 하겠다며 마지막이 임박했음을 알렸다. 안간힘을 써서 겨우 손을 뻗어 그의 손을 잡았다. 오빠와의 마지막 접촉이자 인사였다.

나는 왜 그렇게 급하게 오빠를 마주하고, 빼앗기듯 보내줘야만 했을까. 아니, 왜 고인의 마지막 모습을 볼 시간, 고인과 마지막으로 인사할 시간을 충분히 주지 않았을까. 저마다 이별의 속도와 반응이 다를 텐데 입관 시간은 그 누구에게도 결코 충분하지 않았다.

당시에는 쫓기듯 보내주었음을 인지하지 못했다. 나처럼 겁내고 두려워하고 주저하는 것이 유가족으로서 당연한 반응인 줄 알았다. 만약 오빠와 좀 더 함께했다면 어땠을까. 오빠의 마지막을 조금이나마 더 오래 눈에 담고 제대로 된 작별 인사를 건넬 수 있지 않았을까.

얼마 전 영화 <김 씨 표류기>를 봤다. 주인공 '김 씨'
는 한강대교에서 투신해 자살을 시도한다. 하지만 눈을
떠보니 무인도. 죽는 데 실패한 것이다. 다시 나무에 넥
타이를 묶고 목을 매달려는 순간, 배에서 신호가 온다.
아뿔싸, 설사다. 어쩌겠는가, 쌀 건 싸야지. 황급히 바지
를 내리고 물똥을 싼다. 볼일을 보면서 앞을 바라보니 새
빨간 꽃잎이 보인다. 다디단 꿀을 머금고 있는 샐비어.
사루비아다. 김 씨는 엉거주춤 똥 싸던 자세 그대로 앞으
로 기어간다. 너무나도 허기가 졌기 때문이다. 볼일을 보
던 그 자세 그대로 엉덩이를 내민 채 사루비아 꽃을 힘껏
빤다. 달다. 굶주렸던 배가 채워진다. 다급했던 욕망이
채워지자, 김 씨는 무엇인가 깨달은 듯 갑작스레 울음을
터트린다.

자살이라는 큰 결단을 내릴 만큼 고통스러운 상황
에도 굶주림과 복통을 무시하지 못하는 꼴이라니… 인
간이란 존재가 한없이 나약하고 모순적으로 느껴지면서
인간의 감정과 생각에 의문이 든다. 내가 지금 느끼는 이
고통은 과연 영원할까? 지금 내가 한 결심은? 아무리 극
심한 고통과 확고한 결심이라 할지라도 본능과 욕구에
무너질 수도 있지 않을까?

결국 자살에 실패하고 살아남은 영화 속 주인공을
보며 나는 오빠를 떠올렸다. 만약 오빠가 투신하려던 그

날 그 순간 강아지 곰돌이가 꼬리를 흔들며 놀아달라고 보챘다면, 자신을 찾는 전화벨이 울렸다면 상황은 달라졌을까. 그 순간 눈길이나 본능을 사로잡는 자극이 있었다면 오빠의 결심은 무너지지 않았을까. 인간은 조그마한 변수 하나에 살 수도 죽을 수도 있는 존재가 아닐까.

어떤 존재

"고인은 당신에게 어떤 존재였나요?"

유가족 모임에서 누군가 나에게 물었다. 한번도 생각해보지 않은 질문이었다. 나에게 큰 영향을 미쳤다는 사실만 알 뿐, 오빠가 나에게 어떤 존재인지 여전히 모르겠다. 오빠는 나에게 어떤 존재였을까.

나는 오빠를 내 인생에서 중요한 사람이라고 생각해본 적이 없었다. 각자 직장에 다니면서 떨어져 지내는 시간이 길어져도 아무렇지 않았다. 오빠 없이도 나는 잘 살았다. 하지만 돌이켜보면 그건 오빠가 없는 삶을 상상해본 적이 없었기 때문이다. 만약에 내가 가족을 잃게 된다면, 그건 부모님이 아주 많이 나이 들고 나서, 아주아주 나중에, 자연스럽게 겪게 될 일이라고 생각했다. 사고사는 상상해본 적도 없다. 심지어 형제의 자살은 더더욱.

하긴 상상한들 알 수나 있었을까. 한 사람이 사라진 뒤의 내 삶이 얼마나 뒤틀리고 흔들릴지. 이전에 비슷한 경험, 상실감이 있었다면 나았을까. 아닌 것 같다. 이미 부모를 떠나보낸 엄마, 아빠도 힘들어하지 않나. 아무리 미리 준비를 한들, 숱한 경력의 소유자라 한들 이 고통은 매번 새롭게 다가오지 않을까.

　그날은 외부 동료들과의 미팅이 있었다. 오랜만에 사무실을 벗어나 반가운 얼굴들을 볼 수 있다는 생각에 나들이 가듯 가벼웠다. 미팅 자리에 도착해서도 약간은 들뜬 마음으로 한 옥타브 올라간 톤으로 호들갑을 떨며 인사를 나누었다.

　한 동료가 나에게 오더니 소매를 걷어 올리며 악수를 건넸다. 그 순간 내 눈에 그의 손목이 들어왔다. 손목 위로 날카롭게 그어진 선명한 선들. 족히 네다섯 개가 넘는, 한 번이 아닌 듯 반복된, 비슷한 부위에서 살이 부풀어 오른 자국. 틀림없는 자해 흔적이었다. 나는 흠칫 놀랐으나 애써 모르는 척 자연스럽게 안부를 물었다.

　그는 평소 자기주장이 뚜렷했다. 본인이 나서야 하는 자리면 당당히 손을 들고 자신감 넘치는 목소리로 남들 앞에 서곤 했다. 긴장도가 높은 프레젠테이션에서도 중간중간 적절히 유머를 섞어가며 발표할 만큼 업무에 있어서 자신감과 여유가 있었다. 그런 그가 자해를 했다고? 어떤 아픔이 있었던 걸까? 만만치 않은 시간을 통과했겠지…. 꽤나 유쾌해 보였던 그가 한순간에 회색으로 보였다.

　자해 사실이 순식간에 그의 삶을 규정해버렸듯이 자살이란 사실이 오빠의 삶을 뒤덮어버렸다. 오빠에 대한 생전의 추억을 휩쓸어간 뒤 오빠가 고통스러워하며 발버둥 치던 순간만을 남겼다. 죽음의 두려움을 이길 만큼 고통스럽고 아팠다는 사실만이 가장 강력하게 남았다. 하지만 죽음 이전에 분명 오빠의 삶이 있었다.

오빠는 바쁜 와중에도 주말마다 성우 학원에 다니고, 도쿄 지리에 빠삭해질 정도로 일본을 자주 드나들고, 멀티플렉스 영화관의 VIP 관객이 될 정도로 영화를 즐겼다. 그만큼 자기가 무엇을 좋아하는지 알고 충분히 즐기며 살았다. 그런데 나는 왜 그의 노력과 행복을 잊어버렸는가. 자살이라는 사실이 오빠의 행복을 지워버리고 오빠가 살아온 30년을 온통 암울하게 만들었다. 분명 떠나기 직전 몇 개월은 극심하게 고통스러웠겠지만, 그렇다고 오빠의 삶 전체가 온통 괴롭기만 한 건 아니었을 텐데 말이다.

자살은 마지막 선택이었을 뿐, 한 사람의 삶 전체를 규정할 순 없다. 자살이 오빠의 삶을 뒤덮어버리지 않게 걷어내야 한다.

가장 오빠다웠던 순간을 떠올린다. 영화를 보고 열띠게 감상을 토론하던 순간, 늦은 밤까지 대본을 읽고 발성 연습을 하던 순간, 제대로 된 맛집을 발견했다며 신나서 떠들던 순간, 지인이 가상화폐 투자로 수익을 벌었다고 해도 자신은 신성한 노동의 가치를 잊지 않고 싶다며

소신을 밝히던 순간을 기억한다. 나는 오빠의 아픔만이
아니라 빛나던 순간까지 모두 기억할 것이다.

인사

얼마 전 사촌 결혼식에 다녀온 엄마가 말했다.

"살아 있었다면 오빠도 결혼 이야기가 오갔겠지?"

"결혼은 뭐 혼자 하나?"

농담으로 대꾸했지만, 나 또한 오빠가 결혼하는 모습을 잠깐 상상해봤다. 상상 속에서 오빠는 환히 웃고 있었다.

오빠가 떠난 지 2년하고도 한 달이 지났다. 지난주에는 회사 동료들과 1박 2일로 충주호에 놀러갔다. 눈앞에 맑고 고요한 호수가 펼쳐졌다. 호수 둘레로 소나무들이 높고 울창했는데 평일이라 그런지 한적하고 고즈넉했다. '아, 여유롭다. 진짜 쉬는 것 같다' 생각하며 소소한 행복감에 젖어들 때쯤 불현듯 오빠가 떠올랐다.

오빠는 불쑥 나를 찾아오곤 한다. 이렇게 아무런 연관도 없는 낯선 곳에서도 말이다. 그 순간 정체 모를 돌덩이 같은 것이 마음을 내리눌렀다. 참 눈치도 없다. 내가 오랜만에 한껏 웃고 있든 말든, 내 기분은 아랑곳하지 않고 갑자기 찾아와 내 마음과 발걸음을 무겁게 만든다. 나는 슬며시 동료들에게서 벗어나 오빠에게 편지를 썼다.

오빠, 유서에 그렇게 썼었지? 내가 오빠보다 나은 것 같다고. 글쎄… 오빠가 보기엔 내가 마음이 단단해 보였나 봐. 나 역시 그렇게 생각했어. 오빠를 잃고 난 후 힘들고 슬퍼도 꾸역꾸역 괜찮은 척 지내고, 빨리 회복하는 데 도움이 될 만한 행동들을 찾아서 바로바로 했지. 괜찮지 않은 게 당연한데, 빨리 잊고 빨리 아물어야 하는 그런 문제가 아닌데 조급하게 생각했던 것 같아.

나는 오빠가 생각한 것보다 그리 단단하고 강한 사람이 아닐지 몰라. 난 내가 무너질까 무서웠어. 몸져누워 몇 달, 몇 년을 세상 밖으로 나가지 못하면 어떡하나, 일상생활로 다시 복귀하지 못하면 어떡하나 걱정했어.

지금도 슬프고 버거운 순간들이 자주 있어. 이렇게 글을 쓰는 날엔 계속 오빠 생각에 빠져들어 우울감에 바닥을 기듯 하루를 살아. 사람들과 어울리고 싶지 않아. 죄책감이 느껴지기도 해. 내가 이렇게 웃고 떠들고 행복해도 되는지 말이야. 그렇게 생각할 필요가 전혀 없는데, 나도 여느 사람들처럼 행복하게 웃을 권리가 있는데, 자주 그런 마음이 들어.

이렇게 위태로운 순간에도 나를 지켜주는 것이 있더라. 엄마와 아빠를 보살피고 지켜야 한다는 책임감과 스스로 괜찮아지고 싶고 나아지고 싶은 욕망이 나를 움직이게 만들었어. 일상생활로 돌아갈 수 있게 도와주었지. 내가 건강해야 주변을 돌볼 수 있으니까 나를 더 아끼고 보살피려고 노력했어.

하지만 그런 무게가 버거운 순간들도 많았어. 엄마, 아빠가 우울하고 불안하면 나도 불안함에 휘청거렸어. 걱정되는 마음과 더불어 또다시 사랑하는 사람을 잃게 될까 하는 염려에 주저앉아 울곤 했어. 어쩔 수 없는 걸까. 소중한 존재를 잃어본 경험이 남긴 잔혹한 흔적 같은 걸까?

나는 지금 4월의 따스한 햇살을 바라보고 있어. 이렇게 좋을 것을 볼 때마다 오빠가 살아 있으면 참 좋겠다고 생각해. 너무나 이르게 세상을 등졌다는 사실이 너무 슬퍼. 아프고 안타까워.

오빠, 어떻게 지내? 보고 싶다.

프로필

딱 서른이 되던 해에 오빠는 세상을 떠났다. 나와 두 살 터울이었던 오빠가 떠난 지 2년이 흘렀다. 이제 내가 그의 나이가 되었다. 내 나이, 서른.

오빠는 서른 번째 생일을 맞기 전에 떠났고, 나는 올해 서른 번째 생일을 맞이했으니 올해부턴 내가 연장자다. 이제 그를 뭐라 불러야 하나.

훨씬 나이를 먹어 내가 할머니가 되어도 오빠는 영원히 서른, 청춘의 얼굴로 기억될 것이다. 늙지 않을 것이다. 나보다 앳된 얼굴의 그는 영원히 나의 오빠일 것이다.

이름: 김솔

나이: 30세

취미: 영화 틀어놓고 프라모델 조립하기, 블로그에 조립 후기 올리기, 애니메이션 대본 따라 읽기, 가끔 책 읽기, 양꼬치 맛집 다니기

특기: 덕질, 총무, 영화 비평

소원: 일본 워킹홀리데이, 여행, 연애

아직 이 죽음을 어떻게 다뤄야 할지 모릅니다

초판 1쇄   2022년 11월 25일

지은이   김설
편집   이재현, 조소정, 조형희
제작   세걸음

펴낸곳   위고
출판등록   2012년 10월 29일 제406-2012-000115호
주소   경기도 파주시 회동길 290 206-제5호
전화   031-946-9276
팩스   031-946-9277

hugo@hugobooks.co.kr
hugobooks.co.kr

ISBN 979-11-86602-91-1 03330